新时代智库出版的领跑者

中社智库 国家智库报告 2024（7） National Think Tank
经济

数字经济创新发展示范区战略研究
——以厦门为例

中国社会科学院工业经济研究所课题组　著

STRATEGIC RESEARCH ON DIGITAL ECONOMY
INNOVATION AND DEVELOPMENT DEMONSTRATION ZONE
——TAKING XIAMEN AS AN EXAMPLE

中国社会科学出版社

图书在版编目（CIP）数据

数字经济创新发展示范区战略研究：以厦门为例／中国社会科学院工业经济研究所课题组著．—北京：中国社会科学出版社，2024.4

（国家智库报告）

ISBN 978-7-5227-3385-2

Ⅰ.①数… Ⅱ.①中… Ⅲ.①信息经济—示范区—产业发展—研究—厦门 Ⅳ.①F492.3

中国国家版本馆 CIP 数据核字（2024）第 065694 号

出 版 人	赵剑英
责任编辑	党旺旺
责任校对	闫　萃
责任印制	李寡寡

出　版	中国社会科学出版社
社　址	北京鼓楼西大街甲 158 号
邮　编	100720
网　址	http：//www.csspw.cn
发行部	010-84083685
门市部	010-84029450
经　销	新华书店及其他书店
印刷装订	北京君升印刷有限公司
版　次	2024 年 4 月第 1 版
印　次	2024 年 4 月第 1 次印刷
开　本	787×1092　1/16
印　张	14.25
插　页	2
字　数	145 千字
定　价	79.00 元

凡购买中国社会科学出版社图书，如有质量问题请与本社营销中心联系调换
电话：010-84083683
版权所有　侵权必究

"数字经济创新发展示范区战略研究——以厦门为例"课题组

课题组组长：
  史 丹 中国社会科学院工业经济研究所 所长 研究员
课题组副组长：
  彭朝明 厦门市发展研究中心 主任 高级经济师
课题组成员：
  李晓华 中国社会科学院工业经济研究所 研究员
  李鹏飞 中国社会科学院工业经济研究所 研究员
  渠慎宁 中国社会科学院工业经济研究所 研究员
  方晓霞 中国社会科学院工业经济研究所 研究员
  邓 洲 中国社会科学院工业经济研究所 副研究员
  刘佳骏 中国社会科学院工业经济研究所 副研究员
  赵剑波 中国社会科学院工业经济研究所 副研究员
  孙天阳 中国社会科学院工业经济研究所 助理研究员
  彭梅芳 厦门市发展研究中心 高级经济师
  黄榆舒 厦门市发展研究中心 高级经济师

前　言

当前新一轮科技革命和产业变革突飞猛进，数字科技和数字经济是其中最活跃的部门，不但不断催生新产品、新模式、新业态、新产业，而且向国民经济和社会的方方面面扩散、渗透、融合，成为推动经济增长的重要动力和产业竞争力的重要来源。习近平总书记2021年10月18日在十九届中央政治局第三十四次集体学习时的讲话指出："数字经济发展速度之快、辐射范围之广、影响程度之深前所未有，正在成为重组全球要素资源、重塑全球经济结构、改变全球竞争格局的关键力量。"[①] 数字经济对经济、社会发展的重要作用受到全球高度关注，各国竞相制定数字经济发展战略、出台鼓励政策。习近平总书记长期重视数字技术和数字经济，党的十八大以来多次强调发展数字

[①] 《习近平谈治国理政》第4卷，外文出版社2022年版，第26页。

经济。发展数字经济已经上升为我国的国家战略，党中央、国务院和相关部委出台了一系列推动数字经济发展的法律、战略、规划和具体政策。"十四五"规划的第五篇是"加快数字化发展 建设数字中国"，专门用一篇谋划布局数字经济在我国五年规划中还是第一次。数字经济也是地方科技和产业发展的重点部署领域，地方政府通过制定各种规划、政策倾斜、举办国际论坛等方式加大对数字科技创新的投入和数字经济的招商引资，数字经济已经成为一些城市经济发展的关键动能和特色"名片"。

厦门市是习近平新时代中国特色社会主义思想的重要孕育地、萌发地、实践地。习近平总书记2000年在福建工作期间就前瞻性地提出了建设"数字福建"的构想，厦门始终沿着习近平总书记指引的方向，深入贯彻落实党中央、国务院、福建省关于加强数字经济、数字政府建设的各项重大决策部署，发挥厦门数字经济基础良好、优势明显的独特条件，积极抢抓新一轮科技革命和产业变革下数字经济快速发展与广泛扩散、赋能的机遇积极推进数字经济创新发展示范市建设，通过规划引领、政府助力，全面推进数字产业化、产业数字化和数字化治理，开辟产业发展新赛道、激发经济发展新动能、打造国际竞争新优势、开创数智化美好新生活，将厦门建设成为数字经济强市，进入全国数字经济重要城市前列。

中国社会科学院和厦门市政府具有持续稳定的良好合作关系，本报告是双方深化合作的重要成果之一，是中国社会科学院发挥国家高端智库优势的作用、为地方决策提供高质量智力服务的一个体现，对厦门开展数字经济创新发展示范市建设和相关政策制定具有一定的理论意义和应用价值。

摘要： 厦门积极抢抓新一轮科技革命和产业变革下数字经济快速发展与广泛扩散、赋能的机遇，积极推进数字经济创新发展示范市建设，通过规划引领、政府助力，全面推进数字产业化、产业数字化和数字化治理，开辟产业发展新赛道、激发经济发展新动能、打造国际竞争新优势、开创数字化美好新生活，将厦门建设成为数字经济强市，进入全国数字经济重要城市前列。

本报告主要包含以下八部分内容：厦门数字经济发展的现状与条件、典型城市数字经济赋能高质量发展的经验借鉴、厦门数字经济发展的总体思路与路径、厦门数字产业化的重点领域、厦门产业数字化的重点领域、厦门数字化治理的重点领域、厦门数字经济发展的重点任务和加快厦门数字经济发展的政策措施与组织保障。

关键词： 厦门市；数字经济；示范区；战略；对策建议

Abstract: Xiamen actively seizes the opportunities of rapid development, widespread diffusion, and empowerment of the digital economy under the new round of technological revolution and industrial transformation, and actively promotes the construction of a demonstration city for innovative development of the digital economy. Through planning guidance and government assistance, Xiamen comprehensively promotes digital industrialization, industrial digitization, and digital governance, opens up new tracks for industrial development, stimulates new momentum for economic development, creates new international competitive advantages, and creates a new life of digitalization and intelligence. Xiamen will be built into a strong digital economy city and enter the forefront of important digital economy cities in China. This report mainly includes the following eight parts: the current situation and conditions of Xiamen's development of digital economy, typical urban digital economy development models, overall ideas and paths of Xiamen's digital economy development, key areas of digital industrialization, key areas of industrial digitization, key areas of digital governance, key tasks of digital economy development, as well as policy measures and organizational guarantees to accelerate Xiamen's digital economy development.

Key Words: Xiamen City, Digital Economy, Demonstration Zone, Strategy, Policy Suggestions

目　录

第一章　厦门数字经济发展的现状与条件 ………（1）
　　一　发展现状 ……………………………………（2）
　　二　存在问题 ……………………………………（15）
　　三　面临环境 ……………………………………（23）
　　四　条件优势 ……………………………………（37）

**第二章　典型城市数字经济赋能高质量发展的
　　　　　经验借鉴** ……………………………………（44）
　　一　典型城市推进数字经济发展的
　　　　经验 …………………………………………（46）
　　二　数字经济推进城市高质量发展的
　　　　路径启示 ……………………………………（59）

**第三章　厦门数字经济发展的总体思路与
　　　　　路径** ………………………………………（68）
　　一　发展思路 ……………………………………（68）

二　发展原则 …………………………………（70）
　　三　发展定位 …………………………………（73）
　　四　发展目标 …………………………………（75）
　　五　发展路径 …………………………………（78）

第四章　厦门数字产业化的重点领域 ……………（94）
　　一　数字产业化的主要分类与厦门发展
　　　　重点 …………………………………………（94）
　　二　提升型数字产业化发展重点 ………………（97）
　　三　壮大型数字产业化发展重点 ………………（104）
　　四　培育型数字产业化发展重点 ………………（114）

第五章　厦门产业数字化的重点领域 ……………（124）
　　一　产业数字化的一般规律和厦门发展
　　　　重点 …………………………………………（124）
　　二　"做强型"产业数字化发展重点 …………（130）
　　三　"做优型"产业数字化发展重点 …………（139）
　　四　"做精型"产业数字化发展重点 …………（145）

第六章　厦门数字化治理的重点领域 ……………（152）
　　一　数字政府的发展重点 ………………………（154）
　　二　数字社会的发展重点 ………………………（161）
　　三　公共数据治理的发展重点 …………………（169）

第七章　厦门数字经济发展的重点任务 …………（175）

- 一　提升数字基础设施 ……………………………（175）
- 二　增强数字科技创新能力 ………………………（179）
- 三　建设数据资源体系 ……………………………（181）
- 四　推动数字化转型 ………………………………（182）
- 五　壮大数字经济主体 ……………………………（187）
- 六　开放数字应用场景 ……………………………（188）
- 七　激发数字消费市场 ……………………………（190）
- 八　提高数字产业集群竞争力 ……………………（191）
- 九　优化数字经济营商环境 ………………………（193）
- 十　增强数字治理能力 ……………………………（194）
- 十一　强化数字经济安全 …………………………（195）
- 十二　深化数字经济开放合作 ……………………（196）

第八章　加快厦门数字经济发展的政策措施与组织保障 …………………………………（198）

- 一　推动数字经济发展的政策措施 ………………（198）
- 二　组织保障 ………………………………………（203）

参考文献 ………………………………………………（207）

第一章　厦门数字经济发展的现状与条件

厦门是全国数字经济发展较为领先的城市之一,数字产业图谱完整,数据共享体系建设成效显著,但是数字经济发展潜力未能完全释放,公共数据价值尚未充分挖掘。当前数字技术正在发生新变革、数字经济涌现新业态、数字赋能出现新途径、数字治理形成新规范,厦门也具有发展数字经济的经济基础、城市环境、人力资源、产业政策等条件,应牢牢把握数字经济带来的"三化一基"[①]发展机遇,充分发挥区位和政策叠加优势,加快建设数字经济创新发展示范城市。

---

① "三化一基"指数字产业化、产业数字化、数字化治理与新型基础设施。

一 发展现状

厦门数字经济发展整体态势良好，数字技术持续赋能产业创新，新型数字基础设施建设加速推进，数据治理水平领先全国，全市数字经济增长速度迅猛。

（一）数字经济发展态势良好

数字经济发展初具规模。自习近平总书记擘画"数字福建"蓝图以来，厦门牢记总书记嘱托，持续深耕"数字福建"发展战略，加快建设数字厦门。厦门紧抓数字经济高速增长的战略机遇，锚定"成为全国数字经济发展示范区"的目标，扎实推进数字产业化和产业数字化，加快推动数字经济高质量发展。厦门通过创建软件名城集聚信息技术优势，重点发展数字经济核心产业，数字经济"硬"支撑不断升级，"软"实力发展迅猛，积累了厚实的数字产业基础，也为引领产业数字化转型提供了技术支撑。数字经济已成为厦门经济社会高质量发展的强劲引擎，根据全口径测算，厦门数字经济规模从2020年的3650亿元增长为2022年的4790亿元，占GDP的比重为61.4%，成为厦门经济社会高质量发展的强劲引擎。[①] 根据赛迪顾问发布的《2022中国数字城市竞争力研究报告》，在全国100个城市中，厦门位居第30位，在省内落后于位居第20位的福州市，领先位居第45位的泉州市。福建省经济信息中心发布的《福建省数字经济发展指数评价报告（2022年）》显示，厦门数字经济发展指数达88.3，位列全省第二。

表1-1　　　　　　　2022年全国数字城市百强

排名	城市	排名	城市	排名	城市	排名	城市
1	北京	26	台州	51	唐山	76	衡阳
2	上海	27	哈尔滨	52	泰州	77	镇江
3	深圳	28	合肥	53	金华	78	商丘
4	广州	29	佛山	54	兰州	79	江门
5	重庆	30	厦门	55	绵阳	80	呼和浩特
6	杭州	31	绍兴	56	济宁	81	安庆
7	青岛	32	扬州	57	盐城	82	株洲
8	成都	33	常州	58	南宁	83	宜春
9	天津	34	温州	59	赣州	84	西宁
10	苏州	35	长春	60	新乡	85	大庆

---

① 由于目前对于数字经济的统计方法和口径国际国内均未统一，以上数据仅为数字经济增长趋势提供参考，数字经济核心产业统计数据可能更加准确。最近，各省份也开始侧重数字经济核心产业增加值的统计。

续表

排名	城市	排名	城市	排名	城市	排名	城市
11	武汉	36	石家庄	61	滨州	86	乌鲁木齐
12	西安	37	嘉兴	62	惠州	87	阜阳
13	南京	38	潍坊	63	滁州	88	泰安
14	沈阳	39	湖州	64	银川	89	湘潭
15	济南	40	南昌	65	沧州	90	包头
16	无锡	41	淄博	66	洛阳	91	遵义
17	东莞	42	东营	67	襄阳	92	邯郸
18	郑州	43	南通	68	宜昌	93	邢台
19	宁波	44	太原	69	德州	94	德阳
20	福州	45	泉州	70	中山	95	上饶
21	长沙	46	珠海	71	海口	96	宁德
22	贵州	47	昆明	72	漳州	97	周口
23	大连	48	临沂	73	宿迁	98	莆田
24	威海	49	徐州	74	保定	99	荆州
25	烟台	50	芜湖	75	连云港	100	平顶山

资料来源：赛迪顾问。

数字经济形成特色优势。厦门数字产业化、产业数字化、数字化治理发展各有特色，人工智能、信创等数字企业持续创新，传统企业加速企业"上云用数赋智"，"城市大脑"市级中枢系统不断完善。数字经济产业覆盖从基础到应用，从硬件到软件的全领域，形成较为完整的产业图谱，成为国内少有的覆盖数字经济全产业领域的城市。厦门先后承担国家电子商务试点城市、国家下一代互联网示范城市、信息惠民国家试点城市、国家物联网重大应用示范工程区域试点等建设任务，是国家首批5G预商用城市、首批四个医疗大数据试点城市之一。厦门市荣膺"中国软件特色名城"称号，正在争创"中国软件名园"。在商务部"2021年跨境电子商务综合试验区评估"中，厦门综合排名第一档。根据中国信息通信研究院报告，在综合引领型、特色开拓型、潜力提升型三个类型中，厦门属于特色开拓型城市，有着较强的数字经济竞争力和特色优势产业。当前，厦门市正以城市大脑建设为基础性和先导性工程，努力打造数字政府、数字经济、数字社会、数字生态"四位一体"的数字厦门发展新格局。

（二）数字产业布局较为均衡

数字产业化优势相对明显。在数字技术创新方面，厦门重点围绕集成电路、高端软件、边缘计算、区块链等核心数字和网络技术加强攻关，同时，拓展各类数字服务应用场景，加快布局元宇宙产业，构建数字生态圈。2019年，厦门在中国人工智能产业发展潜力城市榜单中位列第7，在语音识别、图像识别等领域已成为全国领先的典范并占据国际领先地位，是全国人工智能发展的先发地区。2022年，厦门火炬元宇宙孵化器正式揭牌，迅速集聚一批"元宇宙"项目，营造"元宇宙"产业生态，在全力打造"元宇宙"创新高地的同时，推进厦门市"元宇宙"产业创新发展。在数字产业发展方面，厦门持续打造"芯—屏—端—软—智—网"产业生态体系，形成平板显示、集成电路、计算机与通信设备、软件和信息技术服务四大特色产业。2021年全市规模以上数字经济核心产业产值近5000亿元，其中电子信息制造业产值约3000亿元，软件和信息服务业收入约2000亿元。在四大核心产业中，平板显示、计算机与通信设备、软件和信息服务业3条产业链产值超千亿，集成电路保持较快发展。例如，纳龙科技、智业软件、麦克奥迪成为国内领先的智慧医疗整体解决方案提供商和全国最大的病理会诊平台。在新模式新业态方面，首店经济、夜间经济、直播经济、跨境电商、社区新零售等新商业模式蓬勃发展，数字化新模式新业态不断涌现。2021年厦门市网络零售额2101.6亿元，同比增长27.4%。[①] 厦门市获批设立福建省首个跨境电子商务综合试验区，字节跳动、京东数科等一批营收超百亿元的优质项目签约落地。

---

① 数据来源：浪潮数据。

亿联网络、美图、美柚、咪咕动漫、南讯科技、好慷在家等一批优质新经济企业也在细分领域快速崛起。飞博共创、十点文化等文化企业拥有大量的用户群。西瓜视频、微医集团、好未来、喜马拉雅第一个线下旅行生活店等新经济代表企业纷纷落户厦门。

表1-2　厦门市数字经济核心产业概况（2022年）

产业类别	实际产值	主要特点
平板显示产业	1498亿元	涵盖玻璃基板、面板、模组、整机等上下游全产业链，是全国唯一的光电显示产业集群试点城市、全球触控面板屏组最大研发和生产基地
计算机与通信设备产业	1216亿元	以戴尔、浪潮为龙头，涵盖整机制造、电子元器件、外部设备、IT服务等产业链环节，整机品牌具全球影响力
软件和信息服务业	1368亿元	占福建省一半左右，是全国14个软件名城之一
集成电路产业	329.5亿元	集聚集成电路企业200多家，涵盖芯片设计、晶圆制造、封装测试、应用等主要产业链环节，获批国家"芯火"双创基地

资料来源：厦门市工业和信息化局。

专栏 1-1

厦门打造万亿电子信息产业集群

厦门围绕打造万亿电子信息产业集群目标，持续打造"芯—屏—端—软—智—网"产业生态体系。厦门在平板显示、计算机、集成电路、电子元器件、动漫游戏、健康医疗、信息安全和人工智能等领域已具备相当优势，培育出三安、乾照、强力巨彩、盈趣、亿联、弘信、宏发、法拉、华联及瑞为、美亚柏科、美图、美柚、四三九九、易联众、智业、吉比特等一批本土企业，吸引来宸鸿、友达、冠捷、天马、电气硝子、TDK、松下、戴尔、浪潮、神州数码、联电、玉晶、士兰、通富、紫光、晨星等一批世界级企业，具备了芯片—软件—整机—系统—信息服务较为完整的产业生态体系，形成了领跑海峡西岸经济区的发展优势。厦门信息集团、吉比特、美亚柏科3家企业，入围2019中国软件百强企业。截至2021年，全市规模以上电子信息企业621家，境内外上市企业28家，累计入选年度电子信息百强企业、中国互联网100强企业12家，入选中国软件和信息技术服务综合竞争力百强企业5家。

（三）数实融合水平持续提升

产业数字化发展稳步推进。厦门数字化产业优势正在赋能实体经济发展，实体企业积极应用数字技术推动数字化转型。以工业软件赋能制造业为例，正在加速推动产业链各环节的数字化转型，提升产线自动化和信息化水平，提高效率且实现降本增效，提升智能制造水平。目前厦门工业软件联盟有重点工业软件企业45家，涵盖研发设计、生产制造、运维监测等领域，服务交通运输、机械制造、钢铁、日化、水务、烟草、军工、卫浴、能源、服装等行业。运动器材、卫浴橱柜等传统制造业"机器换工"趋势明显，平均提高工效近4倍。例如，金牌厨柜从数字运营、数字营销、数字交付、元宇宙四大板块入手，通过数字化转型，加速数据流淌，让数据透明可视驱动经营决策，最终促进业务升级。金牌厨柜四期作为国内领先的智能制造生产工厂，拥有行业首创的"工业化柔性定制系统"。

数字化转型成效不断彰显。截至2022年，厦门市共有国家级工业互联网试点示范项目2家（奥普拓，2019；雅马哈，2022），制造业与互联网融合发展试点示范项目4家，制造业"双创"平台试点示范项目2家，工业互联网App优秀解决方案7家。各类升级示范项目11个，共有769家企业通过两化融合贯标（占全省一半以上），超3000家中小企业上云，建成16个数字化样板工厂（车间），培育工业互联网平台3个、各类优秀工业App 53个，有力支撑产业数字化转型。腾讯研究院发布的《数字中国指数报告（2019）》显示，厦门用云量排全国第8位。远海码头建成全球首个5G全场景应用智慧港口，提升物流效率约20%。

专栏1-2

厦门金龙客车的数字化转型效果

厦门金龙客车有两个项目入选全国制造业与互联网融合发展试点示范项目，一个项目入选全国制造业"双创"平台试点示范项目。一是金龙客车产品全生命周期管理系统（金龙汽车，2017）。二是新能源客车数字化协同研发平台（金旅客车，2019）。三是金旅客车数字化协同研发平台（金旅客车，2018）。此外，厦门金龙联合汽车工业有限公司和厦门金龙旅行车有限公司入选福建省工业互联网应用标杆企业。尤其厦门金龙联合汽车工业有限公司围绕客户个性化需求交互、研发如何快速响应市场需求及如何快速交付个性化产品问题，从模块化设计、搭建需求交互平台、构建柔性生产线、个性化售后服务等几方面，创新形成客车行业大规模个性化定制新模式，构建获取客户需求、理解需求的能力，快速响应需求的能力，柔性化生产能力，实现生产效率提升、研发能力提升、产品质量提升、服务水平提升，公司整体经营管理水平有大幅提升，按时交付率提升 8.8%，生产效率提升 21.4%，研发周期缩短 33.3%，订单设计变更频次下降 29.9%。

（四）数字基础设施建设加快

夯实数字底座。新型数字基础设施建设为数字经济发展"架桥修路"[①]。通信网络基础设施方面，成功创评"千兆城市"，2022 年，全市 5G 基站数 10250 个，每万人拥有 5G 基站数 20.3 个（全省第一），重点场所 5G 网络通达率 100%，已实现市区及乡镇 5G 覆盖，支撑智慧港口、智慧公交、智慧医疗等 5G 典型应用。算力基础设施方面，全市数据中心已投入使用机柜超 1 万个，2025 年年底计划达 2.5 万个。鲲鹏超算中心算力达 5400 万亿次/秒。城市新融合基础设施方面，2021 年厦门启动城市大脑建设，2022 年 4 月，城市大脑 1.0 版正式上线，首批应用场景初见成效。"免申即享"上线政策 125 项，完成 99 个项目、9.6 亿元资金兑现，惠及企业 4869 家。"数看厦门"上线"13 + 1"个专

---

① 注：新型数字基础设施一般包含信息基础设施（通信网络基础设施、算力基础设施）和融合基础设施。

题，实现75个主题507个主要业务指标指尖查阅。根据2022年福建数字经济发展指数报告，厦门市在新型数字基础设施和公众载体基础方面表现突出，均为全省最优。

汇聚数据要素。厦门着力消除"数据孤岛"现象，政务数据不断汇聚积累。建成全市统一的政务信息共享协同平台，按照"应接尽接、应汇尽汇"原则，全市179个在用政务信息系统已全部接入市政务数据汇聚共享服务体系，提供数据服务接口1990个。最终，形成了人口、法人、信用、证照、自然资源和空间地理5大基础数据库，推进建设疫情防控、公共安全、交通等专题库，累计汇聚有效数据超52亿条，为跨部门、跨层级的业务协同提供坚实的基础保障。打造"i厦门"综合服务平台，全方位覆盖企业市民高频使用的公共服务、便民服务事项，让市民一屏智享多场景生态综合服务。搭建市级大数据安全开放平台，现已梳理发布40个部门、1001条资源目录、5亿条数据，全面推进数字政府转型升级，积极推广数据开放生态应用。建设"城市大脑"市级中枢系统，构建全市统一的电子政务网、政务数据中心、政务办公平台、移动办公入口，加快推进"城市大脑"一网统管建设。建设公共安全平台，横向连接85家政府部门、企业单位，深入推进平安城市建设，极大提高了重大安全隐患的防范和化解能力。上线厦门市网格化服务管理信息平台，实现数据一口采集、服务精准对接、治理协同联动，推动基层精细化治理。数据平台为厦门建设数字政府、数字治理，实现数据价值化，提供强大的信息互联共享和数字平台支撑。

（五）数字治理水平领先全国

数字化治理成效突出。厦门市是全国首个数据共享无障碍城市，率先开展跨部门数据共享协同，数字生活满意度居全国第三。目前，政务信息共享协同平台数据累计调用共享服务超 24.8 亿次，日调用量 200 万次，开放数据总量 1.974 亿条，持续提升数据汇聚共享开放等数据治理能力，有效支撑智慧综治、社区网格化、信用监管、疫情防控等应用场景，实现了惠企政策免申即享、疫情防控一体化平台等 130 多个业务系统的协同应用。同时，厦门市以"互联网+政务服务"为抓手，大力推进"全程网办""掌上办""自助办"网上政务服务，"不见面审批"逐渐成为厦门政务服务主要方式。在厦门几乎家喻户晓的"i 厦门"平台上，市民、企业注册登录后即可随时随地接受政务、生活、健康、教育、文化等全方位在线服务。"i 厦门"平台整合了 53 个政府公共服务系统、集成了 530 多项应用及服务，在线可预约办理事项超 3000 项，覆盖 20 大类便民服务领域。市大数据安全开放平台已开展普惠金融、商业选址、算法演练等场景服务，支撑中国人工智能大赛、大数据创新系列赛事，助力前沿技术创新发展和跨界应用。厦门市政务数据互联互通共享获评"2022数字政府创新成果与实践案例"。

探索数据价值化应用。成立市场化、公司化运作的厦门大数据有限公司作为市级公共数据资源一级开发机构，推动数据资源开发利用，探索数据价值化应用。厦门"e政务"自助新模式更是全国首创，汇聚23个部门280项业务的"e政务"自助服务一体机分布在政务大厅、社区便利店、银行、企业园区等人流密集场所，为群众提供24小时服务，无论市民或是游客，都可以通过"刷脸"方式就近办理各类业务，历年来已累计办件超680万件。信息惠民服务持续创新，发布个人信用"白鹭分"，推出包括"信用停车""信用就医""图书馆免押借阅"等便民惠民创新应用。建设中小企业公共服务平台，在惠企政策查询和扶持资金申报方面提供便利，助力企业发展。持续优化医疗健康便民服务，建设全域智能导诊预约、"多码融合"应用、区域医学影像共享、区域互联网诊疗、家庭医生签约服务管理等平台，极大改善市民就医感受。

二 存在问题

厦门数字经济发展存在着数字产业优势不明显、实体经济基础不牢固、持续创新动能不足、数据势能释放偏弱等问题。

（一）数字产业优势不明显

数字产业竞争优势不突出。全国各省市都意识到数字经济核心产业是典型的战略性新兴产业，已经成为拉动地区经济发展的主导力量，纷纷结合产业实际情况和自身优势发展特色数字产业，抢占未来产业发展先机。北京、合肥、青岛、重庆等国内城市都重点构建在芯片制造、新型显示等数字经济核心产业领域的竞争力，将其作为先导性和支柱性产业，推动芯屏产业融合化、集群化、生态化发展。厦门电子信息制造产业与其他国内发展较好的城市相比并无明显的独特性优势，并且随着国内集成电路、高端显示行业产能的饱和，厦门将面对更加激烈的市场竞争。同深圳、杭州、广州等国内领先城市相比，厦门市数字经济核心产业总量偏小，尤其在关键核心技术领域布局较少，缺乏影响力、带动性的龙头大企业、辐射带动作用不明显。集成电路、软件信息企业体量偏小，平板显示、整机制造等产业虽具一定规模，但缺乏产业链上下游配套，龙头企业对本地产业带动作用有待加强。产业链群人才承载力不足，规划打造产业链较多，但上下游一体化产业链布局尚未形成，成批量吸引人才入驻的情况不及先进城市特别是北上广深等大城市，人才来厦缺乏转岗、跳槽机会，影响人才长久留厦意愿。每个产业虽然也有一些标志性龙头企业，但缺乏世界500强企业、跨国公司总部企业、民营500强企业等能够推动科技、产业、资本、人才有效融合的大型企业，造成对技术、资本、人才等高端要素的吸纳和承载能力不够强。

产业创新生态尚不健全。数字技术作为通用目的技术具有需求的"突破性"，影响的"颠覆性"，价值的"战略性"，前景的"爆发性"，未来产业是技术和市场都还处于孕育期的产业，是数字经济持续发展的重要推动力量。正是因为未来产业发展前景不明，政府需要组织一些有预见性的科技研究，包括未来技术的重点和发展趋势，以及如何安排资源投入，尤其需要考虑基础研究的对象、重点及科技资源的配置。全国主要城市如上海、北京、深圳、成都等纷纷布局以数字技术、新材料、生命健康、空天科技为主要内容的未来产业，开展关键软硬件的研发突破和迭代应用，培育开源生态，提升区块链、物联网、工业互联网、人工智能等创新能力，加强量子信息、先进计算、未来网络等前沿技术布局。无论是现在还是未来，包括厦门在内的各省市都需要集中资源进行这些领域的科技与产业创新研究，使其不断成长和发展，因为这些产业是数字经济时代的基础产业。厦门市也在探索布局第三代半导体、未来网络、前沿战略材料、氢能与储能、基因与生物技术、深海空天开发等未来产业，但数字技术创新业态尚未形成，关键核心技术缺乏、创新能力不足，虽集聚了一批新经济企业，但缺乏国际一流企业支撑，仅仅培育出4399一家本土独角兽企业。创投资本对未来科技和新经济支撑作用不够强。与深圳、杭州等数字经济发达城市相比，厦门天使投资、创业投资及私募股权投资总体规模偏小，与本地数字经济企业对接深度不足，初创期企业股权融资渠道还不够畅通。数字资源不够开放，应用场景供给不充分，数字经济企业普遍反映厦门场景机会信息不畅，这种状况已经开始制约数字技术与实体经济的深度融合。由于普遍缺乏相关的场景和概念，无论本地企业、还是外来企业均反映缺乏参与厦门项目机会。未来，厦门需要协同数字技术基础研究、应用研究和开发研究，让数字产业的创新链更加完整。

（二）数实融合根基不牢固

产业数字化空间不足。从我国数字经济发展趋势看，数字产业化规模占数字经济的比重不断下降，产业数字化成为数字经济发展的主战场，工业互联网、智能制造等全面加速发展，制造业数字化转型孕育广阔成长空间，数字产业化和产业数字化规模呈现"二八"比例。作为一个旅游城市，厦门制造业根基不够牢固，不能够为产业数字化发展提供广阔的空间。厦门缺乏数控机床、汽车、轨道交通以及大飞机等产业链较长、带动能力强的大项目，因此工业互联网、智能制造等支撑产业数字化发展的载体较为稀缺。2022年厦门市GDP规模为7802.7亿元，三次产业结构为0.4∶41.4∶58.2。在第二产业中，平板显示、集成电路、计算机与通信设备三大主导产业占据了较大份额，其他一般制造业只有汽车制造、体育器材、橱柜制造等规模相对较小的领域，数字经济核心产业缺乏向实体经济渗透的空间，制约了数字经济规模进一步增长的潜力。与相邻的泉州相比，泉州制造业发达，有纺织服装、石油化工、机械装备、建材家居、食品饮料、工业制品、印刷、电子信息等九大千亿产业集群。基于实体经济优势，泉州实施智能制造示范工程，建设一批一体化无人车间、智能工厂等示范项目，利用产业数字化拉动数字经济发展。据福建省最新测算结果显示，2021年泉州数字经济总规模达5342.8亿元，2019年、2020年、2021年产业数字化规模连续三年居全省第一。因为产业数字化发展基础存在先天不足，厦门要想实现数字经济高质量发展，还得在数字技术、数字经济核心产业等方面发力。

数字化转型水平不一。厦门制造业企业以中小企业居多，认知、资本、人才等要素的匮乏制约着厦门数字经济的深化发展。正是这些要素的制约，导致出现了有的企业数字化转型战略不清晰、数字化转型能力不够、数字化转型资金不足、数字化人才储备匮乏、数字化转型保障不力等问题。中小企业由于资源的局限，在数字化进程上可能会出现一些障碍，中小企业对"工业4.0"、智能制造、工业互联网、云平台等数字化转型概念的接受和吸收程度仍然不高。近年来虽已引入培育了华为等企业上云服务商，加快推广低成本、快部署、易维护的数字化转型产品和服务，但制造业转型步伐总体而言还不够快；企业信息化已提升至一定水平，大部分企业已完成了业务操作系统的"在线化"，一定程度上提高了经营效率。虽然有些企业已经开始成为智能产品和服务的先行者，但在不同行业也呈现分化趋势，电子信息、电力电器等自动化基础较好的离散型制造、家居卫浴等生产过程相对成熟的流程型制造行业，数字化转型趋势较为明显，而食品医药加工等相对传统的行业则相对较慢。

（三）数字创新缺乏新动能

科技创新资源优势不明显。厦门高新技术企业数量和瞪羚企业数量在全国20个重点城市中位列第16位和第9位，与深圳（高新技术企业1.7万家）、广州（高新技术企业1.1万家）等差距比较大，独角兽企业与平台型生态型领军企业较少。厦门财政科技支出占地方财政支出的比重保持在3%左右，与杭州、南京、宁波等创新型试点城市相比仍有差距。科技资源相对不足，在全国20个重点城市中（4个直辖市、15个副省级城市及苏州），厦门拥有国家级重点实验室、国家工程技术研究中心、世界一流大学的排名分别为第15位、第17位、第16位。在创新创业孵化空间方面，与青岛（1200万平方米）、武汉（1000万平方米）等城市相比，厦门科技企业孵化器数量、面积仍有较大差距。国家国际科技合作基地只有6家，低于杭州（22家）、武汉（29家）、大连（20家）等地。

人才匮乏成为主要瓶颈。受本地高校少、薪酬与房价差距过大，以及国内各城市"抢人"力度加大，厦门在培育、引进和留住人才方面面临较大挑战，尤其缺乏高层次、复合型人才。互联网、人工智能、大数据等高端人才缺口较大，技能型人才短缺，大部分企业缺乏既懂业务又懂数字技术的复合型人才。此外，能够为企业提供智能化规划咨询、关键装备试验检测、网络化平台化资源共享等人才和服务能力严重不足。复合型人才、基础人才流出总量大于流入总量，十年间厦门流入人才只占总流入人力资源的23%左右，在培育、引进和留住人才方面面临较大挑战。外籍人员与留学归国人员数量占从业人员的0.67%，对国际人才吸引力小于深圳（0.82%）、大连（0.93%）。加之当前数字技术正以前所未有的速度快速发展，面对技术的升级和行业数字化的融合与转型，对市场人才素质提出了更高的要求。

（四）数据势能释放不充分

政务数据价值尚待挖掘。数据已经成为新型生产要素、价值创造的重要来源。厦门政务数据汇聚工作成绩突出，由于数据能够创造价值，未来完成数据交易和价值挖掘就成为新的任务。厦门政务信息共享协同平台已汇聚人口、法人等基础数据，及各区各部门的业务数据共52亿条，提供服务接口1990个，累计提供共享服务24.8亿次。市大数据安全开放平台现已梳理发布40个部门、1001条资源目录、5亿条数据。但是，数据资源开发利用和数据价值化还需要深度挖掘。未来数字经济业务形态、数据维度将更加复杂多元，新的业务需求亦不断出现，数据量级将进一步提升，对于数据治理及价值挖掘的需求将更加迫切，需要更加高效地统筹全部数据和业务，构建数据交易平台，实施数据确权，在保障数据安全和公众隐私的前提下实现数据价值化。

企业数据价值亟须整合。相对于政务数据，厦门企业数据还未有效汇聚，数据利用更是面临诸多难点与痛点，表现在业务流程体系不健全、业务流程没有全面数字化、数百个系统产生数据孤岛、数据标准不统一、缺乏大数据平台、业务场景未开展有效运营、与客户和供应商未充分协同，等等。企业或多或少地采用了数字技术，却未将数字化转型打造成一项系统化工程。企业数字化转型路径还不清晰的问题主要表现在，没有集成的数据平台、系统设计能力不足、缺乏高层次的数字化战略、缺乏数字化转型文化、缺乏数字化人才储备。未来，企业需要向政府数据管理模式看齐，基于数字管理平台，构建完善的数据体系，将所有经济活动和业务活动数字化，用大数据指导企业整合资源和进行管理决策，用数据透视经营本质，挖掘企业在产业链、信息链、资金链上的优势，实现提升管理效率的目标。同样，数据不流通、数据产权问题是妨碍企业数据价值提升的主要障碍，相关法律体系和监管措施还有待建设和完善。此外，企业数据分析技术还有待进一步创新。

三　面临环境

从全球趋势看，数字经济和智能技术成为泛在渗透、筑基赋能的最鲜明底色和引发产业颠覆性变革的强力"催化剂"。从全国趋势看，数字经济已经成为当前最具活力、最具创新力、辐射最广泛的经济形态，是国民经济的核心增长极之一。从区域层面看，建设具有福建特色的国家数字经济创新发展试验区是全省各个城市的发展数字经济的首要任务。从厦门自身看，正处在"两高两化"建设关键阶段，厦门迫切需要注入数字化、智能化强大引擎。

（一）应对新一轮全球数字科技革命的客观要求

全球数字经济保持高速增长。数字技术正推动着生产方式、产品形态、商业模式、产业组织和国际格局发生深刻变革。数字经济成为提振全球经济的关键力量，2021年全球数字经济增加值规模为38.1万亿美元，成为世界经济发展的活力所在。各主要国家数字经济加速发展，美国数字经济规模位居世界第一，

2021年达到15.3万亿美元；中国位居第二位，数字经济规模为7.1万亿美元；德国位居第三位，数字经济规模超过2.9万亿美元。美国、英国、德国数字经济在国民经济中占据主导地位，占GDP的比重超过60%。数字经济本身就代表当今世界技术和经济发展的大趋势，落后的技术和生产方式将被取代，而新兴技术和生产方式成为下一阶段的主流。

数字技术充分释放创新潜能。数字经济已经越来越深地融入实体经济，贯穿整个产业链，融入生产制造、服务消费、技术研发等全过程，生产的定制化、智能化使土地、劳动力等传统生产要素重要性大幅下降，数据、信息、知识等要素的作用日趋凸显。海量数据成为新兴战略资源，催生了云计算、人工智能、边缘计算等新技术，不但释放了生产潜能，提高了生产效率，也开辟了新的商业模式，大大提高了经济效率。根据布鲁金斯学会预计，人工智能可能在未来10年为全球产出增值数万亿美元，并将推动经济向服务驱动型经济转型。同时，新技术还将极大地降低企业成本，智能制造、工业互联网等产业数字化模式还能提升传统产业效率。根据波士顿咨询公司预测，云计算有助于帮助企业节省15%—40%的信息化运营成本。传统生产方式创造的经济价值占比逐年递减，而以产业数字化为代表的新生产方式创造的经济价值占比逐年提升。数字经济与实体经济融合的广度和深度都将前所未有地扩展，不能实现数字化转型的企业、工艺都可能被市场淘汰，数字化转型将成为企业存活、发展的唯一路径选择。

数字经济推动深刻社会变革。数字技术深深地植入经济、政治、文化、社会、生态乃至人们日常生活的每一个环节。除了农业种植、工业生产，教育、医疗和办公等领域都可能发生根本性改变，远程医疗时代可能到来，教育将加速向线上教育转变，远程教育将普及并服务于更多学生群体。多国政府已经在抓紧使用数字技术，打造"政策试验台""监管沙箱"等工具，用于创新政策工具和方法，力求更为直接、高效地解决公众诉求问题、数字监管问题。企业可能引入数字工作场所，实行远程办公，提高企业的生产率。此外，数字经济还在深刻改变就业结构、收入分配结构，继续快速重塑工作性质、就业模式、劳动法规和保护措施。数字经济将创新监管模式，构建全新的规制体系。未来几年，数字经济领域有可能迎来监管规则创制的高峰期，现行监管架构有可能全面重构，构建起全方位的新监管体系、新法律框架、新政策体系。

（二）适应我国数字经济高质量发展的必然选择

发展数字经济是国家战略要求。习近平总书记提出，发展数字经济意义重大，是把握新一轮科技革命和产业变革新机遇的战略选择。数字技术正以新理念、新业态、新模式全面融入人类经济、政治、文化、社会、生态文明建设各领域和全过程，给人类生产生活带来广泛而深刻的影响。当今时代，数字技术、数字经济是世界科技革命和产业变革的先机，是新一轮国际竞争重点领域，我们一定要抓住先机、抢占未来发展的制高点。党的二十大报告强调："加快发展数字经济，促进数字经济和实体经济深度融合，打造具有国际竞争力的数字产业集群。"[①] 2023 年 2 月 7 日，习近平总书记在学习贯彻党的二十大精神研讨班开班式上的重要讲话中强调，要"正确理解和大力推进中国式现代化"。当前，新一轮数字技术革命正在加速兴起，是加快推进中国式现代化需要把握的关键机遇。发展数字经济，是我国把握新一轮科技革命和产业变革新机遇的战略选择，是助力实现中华民族伟大复兴、推进中国式现代化的重要议题。

[①] 习近平：《高举中国特色社会主义伟大旗帜　为全面建设社会主义现代化国家而团结奋斗——在中国共产党第二十次全国代表大会上的报告》，人民出版社 2022 年版，第 30 页。

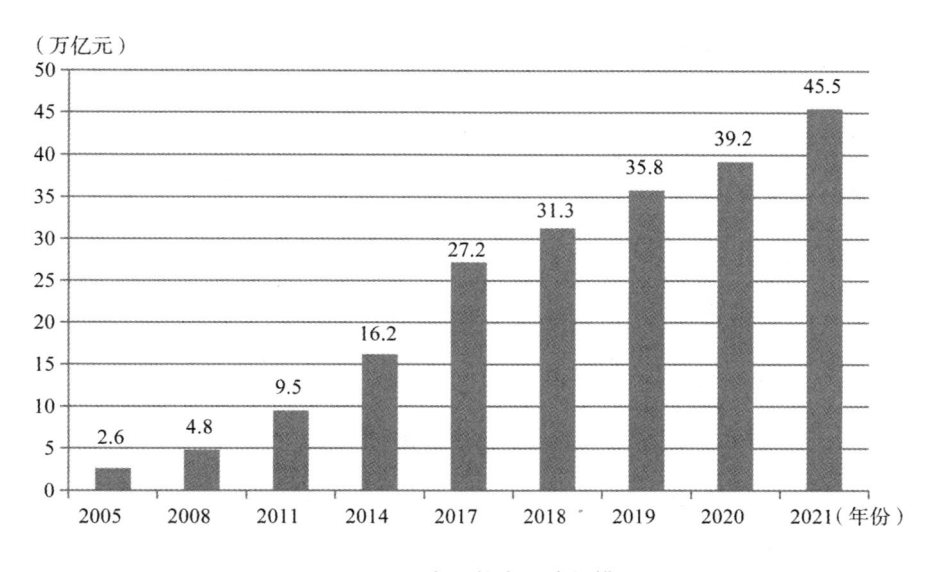

图 1–1　中国数字经济规模

资料来源：中国信息通信研究院《中国数字经济发展报告（2022 年）》。

中国已成为全球第二大数字经济体。根据中国互联网协会发布的《中国互联网发展报告 2022》，2021 年中国数字经济规模达到 45.5 万亿元，占 GDP 的比重达 39.8%。截至 2021 年年底，我国上市互联网企业总市值高达 12.4 万亿元。伴随着新一轮科技革命和产业变革的持续推进，数字经济已经成为当前最具活力、最具创新力、辐射最广泛的经济形态，是国民经济的核心增长极之一。根据工信部数据，我国新型数字基础设施实力显著增强，建成全球最大的光纤和移动宽带网络，促进了互联网新应用、新业态、新模式的蓬勃发展。数字经济和实体经济融合深入推进，截至 2021 年，企业数字化研发设计工具普及率达到 76%，关键工序数控化率为57.2%，智能制造新场景、新业态、新模式层出不穷。重点数字产业不断发展壮大，大数据、云计算、区块链、人工智能等新技术、新业态、新平台蓬勃兴起，网上购物、在线教育、远程医疗等"非接触经济"全面提速，为经济发展注入了强劲动力。截至2022年10月，中国电子信息制造业营业收入达到12.45万亿元，软件业务收入达到8.42万亿元（其中厦门电子信息制造业约3044亿元，软件业约1368亿元）。从未来发展趋势看，我国数字经济仍应在网络基础技术、高端芯片、大数据技术、云计算技术等多个方面加强研发，强化核心技术仍是我国数字经济发展的一个重要趋势，有利于解决我国数字经济大而不强的问题。数字科技领域也是我国核心技术"卡脖子"相对突出的重要领域，应持续推动应用场景开放，加强从基础层、技术层到应用层各个层级数字科技的持续性创新和应用。

数字经济重塑区域竞争格局。数字经济已经成为各地经济发展的"稳定器"。数字经济正在重塑地区间、城市间的力量对比。国内许多城市都在抢先布局，深圳、广州、南京、杭州、沈阳、宁波等多市高度重视，努力抢占发展制高点、培育竞争新优势。东部先进城市如杭州等正致力打造最佳、最完善的世界级新经济生态圈，激发快速发展的新动能；西部主要城市如成都等正致力打造新经济的要素集聚地和生态创新区。全国已形成以北上深杭等城市为引领、部分区域中心城市竞相追赶的数字经济发展格局。全国多个省份的数字经济增加值已破万亿元大关。根据中国信通院发布的《中国数字经济发展白皮书（2022年）》，截至2021年，国内有16个省份数字经济规模突破万亿元。① 其中，北京、上海、天津等省份的数字经济占GDP的比重已超过50%，成为拉动地区经济发展的主导力量，浙江、福建、广东、江苏、山东、重庆、湖北等省份数字经济占比超过全国平均水平；贵州、重庆、江西、四川、浙江、陕西、湖北、甘肃、广西、安徽、陕西、内蒙古、新疆、天津、湖南等省份数字经济持续快速发展，增速超过全国平均水平。从已经公布的数据看，2022年，福建、湖北、北京、湖南的数字经济增加值分别为2.6万亿元、2.4万亿元、1.73万亿元、1.5万亿元，占GDP的比重分别为49.0%、44.7%、41.6%、30.8%。产业数字化是各地数字经济发展的主攻方向，广东省产业数字化规模约为3.5万亿元，江苏、山东、浙江等省份产业数字化规模也超过2万亿元。从占GDP的比重来看，上海市产业数字化

---

① 值得注意的是，2022年以后，随着国际和国内各个相关机构对于数字经济规模测度方法的不断成熟和规范，各个层面不再片面强调数字经济规模的概念和数量。

GDP占比高达45.1%，福建、浙江、天津、北京、山东、湖北等省份均超过30%，其余各省份基本处于20%—30%。为了抢抓数字经济发展机遇，全国31个省份早已重点部署数字经济，并明确了具体发展目标，各个城市围绕加快新型基础设施建设，加强关键核心技术攻关，推动制造业数字化转型，规范完善数字经济治理体系等任务落实国家数字经济战略。

（三）建设数字经济创新发展试验区的重要任务

探索创新发展经验。2019年10月，国家发展改革委、中央网信办启动建设雄安新区、浙江省、福建省、广东省、重庆市、四川省6个国家数字经济创新发展试验区。国家数字经济创新发展试验区建设，将进一步突出问题导向、目标导向，系统性探索如何进一步做大做强数字产业，如何构建数字经济发展的浓厚气氛，如何加速实体经济数字化转型，如何构建更加适应数字生产力进步的生产关系，如何形成适应平台经济、共享经济等新业态发展要求的管理制度。

具体来说，重点推动"四个新"——激活新要素、培育新动能、探索新治理、建设新设施。对于各个创新发展试验区，国家分别提出了不同的要求。雄安新区重点探索数字经济生产要素充分流通机制，以政企数据机制化融通利用，加快智慧城市建设，为推动京津冀协同发展和建设京津冀世界级城市群提供支撑。浙江省重点探索构建数字经济新型生产关系，加快政府数字化转型，创新数字经济多元协同治理体系，助力长三角一体化发展。福建省重点总结推广"数字福建"20年建设经验，深化政务数据与社会数据融合应用，围绕"数字丝路"、智慧海洋、卫星应用等开展区域特色试验。广东省依托粤港澳大湾区国际科技创新中心等主要载体，加强规则对接，重点探索数字经济创新要素高效配置机制，有力支撑粤港澳大湾区建设。重庆市、四川省重点探索数字产业集聚发展模式，完善新型基础设施，开展超大城市智慧治理，加强数字经济国际合作，以智能化应用为重点，促进互联网、大数据、人工智能和实体经济深度融合，实现成渝城市群高质量发展。通过3年左右探索，力争在试验区构建形成与数字经济发展相适应的政策体系和制度环境，数字产业化和产业数字化取得显著成效，破解一批体制机制障碍，培育一批数字经济龙头企业，突破一批关键核心技术，打造一批特色优势产业，形成一批创新示范高地，总结一批创新发展经验。

取得成绩各有不同。从三年来发展结果看，除了雄安新区正在建设之中，2022年广东省数字经济规模约6万亿元，浙江省3万亿元，福建省2.6万亿元，四川省2万亿元，重庆市1万亿元。由于目前对于数字经济的统计方法和口径国际国内均未统一，规模数据对比存在较大偏差。那么从数字经济核心产业统计数据看，2022年广东省数字经济核心产业增加值约1万亿元，浙江省约8348亿元，四川省约4012.2亿元，福建省约3000亿元，重庆市约1500亿元，福建省的规模优势也不是十分突出。在发挥自身优势、布局数字经济新赛道方面，各地各有侧重。例如，广东省提出推进全国一体化算力网络粤港澳大湾区国家枢纽节点韶关数据中心集群建设，以制造业数字化转型为抓手，推动5000家规模以上工业企业转型，带动10万家中小企业"上云用云"，支持广州、深圳数据交易所建设。重庆市重点布局在夯实"数字底座"、推动5G和千兆网协同发展、迭代升级"城市大脑"等方面。重庆多措并举，全面强化数字化转型的要素供给，充分利用"五个有"——笔电产业具有雄厚的产业基础，拥有充足的人才资源，保有丰富的应用场景，富有完备的平台体系，占有优越的区位条件，推动产业数字化发展。浙江以数字经济"一号工程"推动高质量发展，共抓落实，建立常态化定期交流机制，清单化抓好试验区81项重点任务和36项成果落地见效，推进18个省级试验区建设，累计推广211项数字经济五星优秀案例，探索形成"一县一经验"发展模式。从各个创新发展试验区的现状对比看，福建省也缺乏相应的顶层设计、战略落实特色与亮点。

　　福建面临较大挑战。在顶层设计方面，国家发改委、网信办公布了《国家数字经济创新发展试验区（福建）工作方案》，福建省数字福建建设领导小组办公室关于印发《福建省做大做强做优数字经济行动计划（2022—2025 年)》的通知，要求加强数字技术创新突破与应用，推动数字技术与各产业深度融合、在各领域广泛应用，推进数字产业化和产业数字化，培育壮大新兴数字产业，做大做强做优数字经济。根据《福建省数字经济发展指数评价报告（2022 年)》，福建省数字经济发展指数（以下简称 FJDEI 指数）达 73.4，数字经济规模超 2.3 万亿元，占全省 GDP 的比重超 47%。但是，福建数字经济发展特色不是十分鲜明，在"数字福建"20 年建设经验，围绕"数字丝路"、智慧海洋、卫星应用等开展区域特色试验的经验总结还需要继续提升。厦门在深化政务数据与社会数据融合应用方面已经初步取得了一些经验，数字厦门建设的各项工作稳步推进。《厦门市"十四五"数字厦门专项规划》明确争创"国家数字经济发展示范区"发展目标，确定"完善政府数字治理、提升数字产业能级、深化制造业数字化、加快服务业数字化、推进公共服务数字化、完善数字基础设施、深化开放合作"七大战略任务和"数据资源汇聚、工业互联网平台建设、创新能力提升、精准招商实施、两岸互联互通、人才引进培育"六大重点工程。从发展现状看，在政务数据汇集、数字政府建设等方面取得的成就也有利于厦门实现上述目标。

（四）打造厦门数字经济独特竞争力的内在动力

省内城市竞争压力加大。根据福建省测算数据，2021年福州数字经济规模突破5400亿元，泉州数达5342.8亿元，厦门为4250亿元。尤其随着产业数字化成为数字经济发展的"主战场"，制造业成为推动数字经济与实体经济融合发展的主攻方向和关键突破口，数字技术在制造业生产、研发、设计、制造、管理等领域的深化应用，加快了重点制造领域数字化、智能化发展。制造业基础较为雄厚的泉州后来居上，2019年、2020年、2021年产业数字化规模连续三年居全省第一、数字经济增加值增长率连续三年居全省第二，数字经济逐步成为驱动泉州市经济高质量发展的新引擎。基于实体经济优势，泉州实施智能制造示范工程，建设一批一体化无人车间、智能工厂等示范项目，每年工业技改投资近800亿元，推动工业投资增长近20个百分点。安踏一体化物流园区可数成货品2400万件，当日处理能力230万件，年度发货3亿件，店铺48小时到货率超90%。2021年泉州网络零售额2540.5亿元，带货主播数超6000个，位居全省第一；淘宝镇、淘宝村数量分别达到75个、304个，数量分别位居全国第二和第五。目前，泉州已培育恒安纸业、九牧厨卫等国家级智能制造项目和示范企业11个，打造智能制造样本工厂67家，智能车间133个，智能化生产线超1000条。由于制造业根基不牢，以上这些做法都是以四大产业为主导的厦门数字经济发展模式难以实现的目标。

明确数字经济发展定位。厦门市提出全面建设高素质、高颜值、现代化、国际化城市，要求尽快建立高标准市场经济、高水平开放经济和高效能治理体系，加快转方式、调结构、换动力，强化重大风险防范和化解能力，走资源集约和环境友好道路。在当前环境下，必须依托强大的数字化、智能化引擎才能形成突破。未来15年是厦门实现跨越赶超、能级跃升的重要"窗口期"和"机遇期"，厦门同时具备发展数字经济的条件和机遇。因此，必须抓住数字化机遇，通过数字化转型升级，充分发挥区位和政策叠加优势，大力发展具有轻资产、高成长特点的新科技、新业态、新产业，是地域空间有限和经济规模较小的厦门实现加速发展和换道超车的必然选择，是厦门推动产业转型升级、实现动能转换和经济高质量发展的重要途径，是支撑高素质高颜值现代化国际化城市建设的战略举措。

数字化治理也是厦门的独特性优势所在，并且已经形成了良好的数据体系和数据要素基础。全市各个大数据平台应面向社会开放公共数据资源，围绕政务服务"一网通办"、市域治理"一网统管"、政务办公"一网协同"、城市运行"一屏通览"等数字化核心应用，策划创造各类应用场景，发布需求清单，吸引行业龙头企业和本地优势企业共同参与，打造智慧城市整体解决方案厦门版本，不断做大做强做优厦门市数字经济。此外，还应立足自身特点和战略定位，吸收借鉴先进城市经验做法，以经济数字化转型助力高质量发展，以生活数字化转型打造高品质生活，以治理数字化转型实现高效能治理，全面推进城市经济数字化转型，实现城市发展模式的全面创新。

特区建设40年，厦门创造了诸多"全国第一"、探索了一大批"厦门样本"。新时代，厦门要坚持制度创新，积极探索数字经济创新区试点，围绕重要领域和关键环节，最大程度发挥已有改革创新平台的效用，敢想、善争、勤跑，争取国家层面和省里更大力度的政策支持，继续推动一批重大改革举措落实落地。

四　条件优势

厦门市在经济实力、城市环境、人才聚集、制度高地等方面的独特优势，为发展数字经济，建设国家数字经济创新示范城市提供了良好的基础条件。

（一）较强的经济实力

厦门始终坚持以发展为第一要务、以经济建设为中心，经济发展取得了优异的成绩。2022年，厦门经济总量跃上新台阶，实现地区生产总值7802.66亿元，人均GDP达到2万美元以上，厦门以占全省1.4%的土地面积，创造出全省14.5%的GDP、26.2%的财政收入和近50%的外贸进出口。厦门培育出平板显示、计算机与通信设备、集成电路、软件和信息服务、文化创意等十余条千亿产业链群，境内外上市公司达89家，是国家光电显示产业集群唯一试点城市、国家集成电路规划布局的重点城市，入围中国智慧城市十强，获批建设福厦泉国家自主创新示范区。

厦门始终坚持发展的速度、质量、效益相统一，在质量效益显著提升的基础上实现经济持续健康发展。厦门加快转变经济发展方式，推进产业结构调整和优化升级，促进经济增长速度、质量、效益相协调。产业转型升级成效显著，产业基础呈现高级化，产业链迈向现代化，经济结构优化升级，现已培育形成以高端制造业和现代服务业为主导，以生物医药、新能源、新材料、文旅创意等战略性新兴产业为特色的现代产业体系。"岛内大提升、岛外大发展"实现新跨越，成为闽西南协同发展区建设的核心引擎，中心城市辐射带动功能显著增强。高质量发展水平全国领先，地区生产总值密度、财政收入占地区生产总值比重等质量效益指标居全国前列。

创新成为驱动发展的第一动力，自主创新能力显著提升，科技创新成果显著，自创区建设成效明显。厦门成为国家创新发展重要城市，先后获批国家创新型试点城市、全国首个国家级对台科技合作与交流基地、首个国家科技成果转化服务示范基地、首批国家知识产权强市建设示范城市、小微企业创新创业基地城市示范等，城市科技创新指数位居全国第20位，被习近平总书记盛赞是一座"高素质的创新创业之城"。总之，经济成就、高质量发展、创新能力为数字经济繁荣打下良好的基础条件。

（二）美丽的城市环境

美丽的自然环境。厦门是著名的国际风景旅游城市，素有"海上花园"美誉，以秀丽的山体为背景、开阔自由的海面为基底,"山、石、林、泉、海、湾、岛、岸"等丰富的自然资源为元素,形成张弛有致、极富韵律的"山海相融"的景观特色和"处处显山见海"的城市意象。

包容的人文环境。厦门自古以来读书习文之风兴盛,惇礼尚义之士辈出,赤诚报国之精神代代传承。在近现代特殊的历史际遇中,厦门形成了开放多元、包容温馨、浪漫闲适的社会特质,与优美如画的自然风光相得益彰。美丽的自然环境、深厚的历史积淀和经济社会的健康发展,铸就了厦门山海格局美、发展品质美、多元人文美、地域特色美、社会和谐美五大美丽特质。

良好的营商环境。厦门良好的营商环境为数字经济企业提供成长的沃土。在2019年国家发改委组织的全国营商环境评价中,厦门名列前茅;2019年普华永道和中国发展基金会联合出版的研究报告显示,厦门宜商环境居15个副省级城市第一;厦门信用体系建设全国领先,城市信用监测综合排名全国第五;厦门名列中国服务型政府十佳城市前茅,电子政务发展指数居全国第四。厦门市政府出台的系列政策文件,分层分级对数字经济企业给予人才、融资、技术创新、上市、品牌宣传等方面的差异化支持,为数字经济长足发展营造良好的政策环境。

优越的宜居环境。数字经济发展的关键是人才，而决定人才去留的关键砝码是城市宜居环境。厦门属南亚热带海洋性季风气候，四季宜人。空气质量优良，森林覆盖率较高，生态景观资源丰富，生态文明指数高居全国第一，先后获得联合国人居奖、国际花园城市、中国宜居城市等荣誉，国内外籍人才眼中最具吸引力的十大城市等荣誉。厦门公共服务水平较高，医疗资源较为丰富，平均升学率较高，居民人均期望寿命超过发达国家平均水平。厦门社会治理能力较强，以社区治理创新为基本单元的城市治理模式向全国推广，荣获"全国和谐社区建设示范城市"。

（三）知识型人才聚集

人才呈现加速集聚态势。厦门重视人才引领，制定实施并持续推动了人才强市战略，集聚了一批高层次创新创业人才，创新创造创业动能和活跃度持续增强，吸引大批有志有识之士到厦门投资创业，有力促进了厦门经济的发展。人才工作起步早、措施实，相继实施"双百计划""海纳百川""人才新政45条"等系列政策，扶持力度总体处于国内同类城市前列。厦门依靠政策集聚人才，在厦高校共18所，出台"留厦六条"政策，大专以上学历人口达139万人。

以人的发展促进城市进步。一个城市创新生态越完备，对人才的吸引力越大，创新能力也就越强。厦门培养和引进高素质、创新型、国际化人才，累计支持国家级人才1300余人，省级人才2500余人，市级人才计划累计支持27800余人，留学回国人员突破1万人；仅"双百计划"累计引进775名海外高层次人才和领军型创业人才，已上市企业7家，重点上市后备企业20家，企业整体估值超千亿，累计获得各类专利3000余项，人才已成为引领创新的中坚力量。全面提升人的素质，让终身学习成为厦门每一位公民的常态，使每一位劳动者都有展现聪明才智的平台，推动以科技创新为核心的全面创新，打造知识创新高地，为城市发展注入强大动力。

让城市进步提升人的发展。人才引领发展效应逐步显现，得益于人才的创新效能，厦门新兴产业保持快速增长，全市5家互联网百强企业均为高层次人才创办，生物医药与健康产业入选国家战略性新兴产业集群。城市的发展成果惠及全体人民，按照覆盖全体市民、覆盖市民全生命周期、覆盖公共服务全领域的目标，切实加大投入，形成全覆盖、全领域、高水平、均等化、可持续的旨在创造人的发展机会、激发人的发展活力和创造力、促进人的全面发展的基本公共服务体系。

(四) 制度性优势叠加

改革先行先试。厦门始终坚持解放思想、先行先试、开拓创新。在国企改革、开放市场、社会治理、自贸试验区等诸多领域创造了一系列全国率先，探索形成许多可复制可推广的制度经验，充分发挥了改革"试验田"作用。厦门是国家批复设立的经济特区、自贸区、自创区、"海丝"战略支点城市、综改试验区，有利于发挥多区叠加先行先试优势，破解制约新经济发展的体制机制障碍，推动产业链、创新链、价值链、资金链"四链"融合，使厦门成为企业创新发展的孵化器。厦门通过设立各种实验、示范区域，承担经济特区、台商投资区、保税（港）区、两岸交流合作综合配套改革试验区、自贸试验区等一系列改革试点任务，是全国改革开放最早、承担改革试点任务最多、成果最为丰富的城市之一。通过全面改革创新，构建了具有地方特色的系统完备、科学规范、运行有效的制度体系，有利于培育和释放市场主体活力。

政策优势突出。国家先后批复厦门建设海沧综合保税港区、象屿综合保税区等海关特殊监管区。拥有经济特区、自贸试验区、自主创新示范区、两岸综合配套改革试验区、21世纪海上丝绸之路核心区等多区叠加优势。近年来，国家又陆续赋予厦门一批服务业专项试点示范任务，如：国家服务业综合改革试点、国家现代服务业综合试点城市、国家内贸流通体制发展综合改革试点城市、现代物流创新发展城市试点、国家"十三五"服务业综合改革试点等，使厦门成为我国服务业重大改革先行先试政策的系统集成地。

制度与组织创新。2019年，厦门成立了由市委主要领导担任组长的数字厦门建设领导小组，统筹全市数字化改革与发展工作。同年，厦门市工信局加挂市大数据局牌子，负责牵头抓总、协调推进相关工作。2021年，厦门市进一步完善大数据组织体系，通过增设处室、增加编制，强化数字经济统筹管理服务职能。近一年来，先后制定出台《数字厦门"十四五"专项规划》《厦门市深化新一代信息技术与制造业融合发展工作方案》《厦门市加快推进软件和新兴数字产业发展若干措施》《厦门市进一步加快推进集成电路产业发展若干措施》《厦门市元宇宙产业发展三年行动计划（2022—2024年）》等数字经济相关规划、政策，全面覆盖元宇宙、人工智能、信创等新一代信息技术关键核心领域，扶持力度对标先进城市，每年兑现资金近2亿元。

第二章 典型城市数字经济赋能高质量发展的经验借鉴

我国数字经济发展态势良好，产业数字化成为数字经济发展的核心引擎，数字产业化为稳定经济增长奠定基础。但数字经济发展水平的区域与城市间差异较大，东南地区核心城市与国家级重点城市群是数字产业发展的第一梯队群体，并构建起各城市群内部的数字产业"核心—外围"的圈层结构，西北欠发达省份则为低梯队群体，在整个国土空间范围呈现出明显的"东南强，西北弱"的区域分布特征，与我国人口与产业分布、经济发展水平和国土开发强度格局呈现出高度的一致。中国数字经济呈现平稳发展和空间集聚趋势，发展重心偏向东部，空间格局总体呈现东强西弱格局，以京津冀、长三角、珠三角、成渝为核心的数字经济发展"四级"格局逐渐清晰。具体来说，东部沿海地区围绕北、上、广、深四个超一线核心城市，已形成京津冀、长三角、粤港澳城市群三大数字经济发展核心引领区，中部地区以武汉、长沙、合肥、郑州为中心，已形成长江中游城市群和中原城市群数字产业发展重点区，西部地区则以成都、重庆、贵阳为中心，形成了成渝、黔中城市群数字产业发展新高地，东北地区以沈阳、长春和哈尔滨为中心，初步形成了辽中南与哈长城市群数字产业发展先导区。

受内外部多重因素影响，我国数字经济发展面临的形势正在发生深刻变化。数字经济发展从技术引领进入数据驱动的新阶段，使得我国城市数字经济发展质量提升和新动能培育面临巨大挑战，在数字产业链关键技术环节掌控，针对新场景数字资源挖掘应用与对接，推动数字经济与实体经济全产业链深度融合，统筹数字产业空间布局与区域、城市协调发展的顶层框架与制度保障，数字经济治理体系、数据价值化参与主体权利关系、制度和配套规则等方面的问题日渐暴露。不同行业、不同区域、不同城市、城乡之间的数字化基础不同，发展差异明显，甚至有进一步扩大的趋势。我国数字经济大而不强、快而不优、不均衡等问题亟待解决，规范、安全、健康、可持续成为城市数字经济高质量发展的迫切要求。

因此，从实践角度，梳理总结国内典型城市数字经济发展的成功案例经验，能够为其他城市对标数字经济一流强市发展提供参考样本和相似问题的解决办法，并在横向上探索发现拓展与强市携手合作的重点领域，提升城市开放与共享能力的，从而实现城市数字经济跨越式发展；从理论角度，深入剖析数字经济推动城市高质量发展的路径启示，针对性地提出推动数字经济赋能城市高质量发展的政策建议，在纵向上升级优化自身经济结构，提升创新、绿色发展与协调治理能力，从而赢得城市新一轮的数字产业竞争优势。两者相互结合，对于推动我国数字经济整体向更深层次、更广范围、更高质量发展具有重要意义。

一 典型城市推进数字经济发展的经验

城市作为经济活动的重要承载空间，其数字经济发展状况客观体现了我国数字经济的建设水平。在政策的积极引导下，各城市纷纷将发展数字经济作为推动城市高质量发展的重要着力点，典型城市数字经济发展亮点频现，取得了令人瞩目的成绩，区域发展"领头羊"效应明显。数字经济的崛起与繁荣，赋予了经济社会发展的"新领域、新赛道"和"新动能、新优势"，数字经济正在成为引领中国经济增长和社会发展的重要力量，对实现我国整体高质量发展与现代化建设起到了重要的支撑作用。

近年来，以数字技术为支撑、数据资源为关键要素的数字经济蓬勃兴起，正在成为重塑各国经济竞争力和全球竞争格局的关键力量，世界主要国家竞相将数字经济作为抢抓新一轮科技革命和产业变革的重大机遇。"十四五"时期是我国推动经济转型升级和高质量发展，抢占全球数字经济发展制高点的重要战略机遇期，尤其是新冠疫情期间，我国依靠数字经济产业基础，通过提升制造业智能化、数字化水平，建设城市大脑，提升城市智慧管理水平，发展远程医疗、网络教育与线上平台交易，统筹产业链上下游数字化发展等手段，在防控疫情，保障复工复产过程中发挥了巨大作用，有力支撑了我国经济率先复苏，成为推动经济发展的新引擎。国内一些城市数字产业化取得显著进展，人工智能、大数据、区块链、云计算等新兴数字产业异军突起，产业数字化转型成效明显，服务业数字化水平大幅提升，制造业数字化转型取得突破，已形成北京、上海、深圳、杭州、广州等高地，成都、合肥、贵阳等城市的数字加速发展并形成明显特色。这些城市在数字产业化、产业数字化和数字化治理建设等方面积累的许多经验，对厦门市未来实现数字化改革转型发展目标，建立起完善的数字政府体系和数字经济发展促进体系，形成开放、健康、安全的数字生态具有重要借鉴价值。

（一）北京、合肥依托创新资源优势，打造数字经济创新策源地

在创新资源方面，北京市研发投入位列全国第一位，远高于其他地区。北京高端研发资源、创新人才、学术环境突出，是全球十大科技创新中心之一，拥有全国近一半的独角兽企业。依托创新资源优势，推进成果就地转化，北京在人工智能领域具有极强的发展优势，已经形成了全栈式的人工智能产业链。截至2022年10月，北京拥有人工智能核心企业1048家，占我国人工智能核心企业总量的29%，人工智能领域核心技术人才超4万人，占全国的六成，拥有AI企业486家，[1] 占全国近四成，超过了硅谷所在地旧金山，位居全球第一。此外，北京拥有全国数量最多、技术最先进的农业数字化科研机构，以国家农业智能装备工程技术研究中心为核心，采取企业、科研机构、示范基地紧密结合的产业化集群模式，致力于推动农业物联网和智能装备的研发与产业化，通过持续输出农业全场景数字化解决方案，形成了覆盖全行业的农业物联网示范集群。

合肥依托雄厚科研基础、重点创新平台与数字核心技术储备，凝聚形成特色数字经济创新资源。在创新资源方面，合肥拥有认知智能国家重点实验室、语音及语

---

[1] 数据来源：北京市经济和信息化局：《2022年北京人工智能产业发展白皮书》，2023年2月。

音信息处理国家工程实验室、类脑智能技术及应用国家工程实验室等基础研究平台、量子信息与量子科技创新研究院、天地信息网络（安徽）研究院、未来网络实验设施合肥中心等数字技术领域重大支撑平台与各类研发机构超过 1400 多家，省部级以上重点实验室和工程实验室 151 个，其中国家重点（工程）实验室 13 个，省级以上工程技术研究中心 141 个，其中国家级（含分中心）7 个，省级以上工程研究中心 36 个，其中国家级 12 个，2021 年入选全球科研城市 50 强。[①] 依托重点平台与研发人才、技术源储备，聚焦量子和人工智能两大颠覆性技术，在智能语音与量子计算方面形成了独特优势，科大讯飞在语音合成、语音识别、口语评测、语音转写、机器翻译等领域技术国际领先，2023 年，中国科学技术大学超导量子计算实验室成功实现了拥有 176 个量子比特的量子处理器三维封装，并拥有全球首款国产量子计算机控制系统和自主核心团队。

（二）深圳、广州依托平台网络，打造数字产业"链"+"圈"生态

在平台龙头企业带动下，深圳制造业在 5G 通信、

---

① 安徽省科学技术厅：《从"科教基地"迈向"创新之都"》，安徽省科学技术厅官网：http://kjt.ah.gov.cn/kjzx/mtjj/118561421.html，2020 年 4 月 27 日。

人工智能、无人机、智能可穿戴设备等新一代信息技术应用领域处于全球领先地位，尤其在人工智能领域，深圳拥有人工智能产业从设计、研发、制造到服务等环节全产业链体系，以信息传输处理、高端智能装备制造、软件和信息技术服务业为主的深圳数字技术应用产业，已经成为拉动深圳数字经济发展的重要动力。依托区内华为、腾讯两家全球信息通信技术制造与服务领军企业，积极推动产业链、供应链上下游企业加速数字化转型升级。针对制造业数字化过程中出现的门槛高、成本高、经验和技术难以复制等诸多挑战，华为带领建立行业数字化军团组织，为全行业提供开放的产业数字化平台，腾讯通过与宝安区合力推进数字未来城与数字化场景应用建设，推进"腾讯云工业互联网总部基地"落地，避免了"重复造轮子"造成的资源浪费。同时，在同一生态系统下，能够扫清产业链各环节不同部门、行业数字化转型的障碍，使得数字化进程得以加速推进。

广州按行业属性打造与企业生产、运营适应的智慧化开放平台，构筑产业链和供应链"双链融合"生态，依托数字化网络平台实现了全产业链协同化水平提升。重点围绕制造业和服务业数字化转型两大核心领域，就工业互联网产业示范和传统制造业企业"上云、上平台"应用采取针对性扶持政策措施，突破不同行业、不同领域边界，推动通用工业互联网平台建设和应用普及。通过实施"穗芯""智造""定制""上云""赋能"计划，推动制造业数字化、网络化、智能化转型升级。积极创新数字化服务发展模式，形成示范效应，拉动供应链上下游的企业一起协同转型。截至2022年年底，工业互联网标识解析国家顶级节点（广州）接入二级节点34个，标识注册量32.9亿个，涵盖25个重点行业，接入企业数5448家，全国位居第一，[①] 成为华南地区工业互联网的重要中枢。依托平台赋能，广州制造业服务化水平明显提高，区内企业格创东智和美云智数双双入选国家级"跨行业、跨领域工业互联网平台"，在定制家居细分领域全球领先，全球前五强企业广州占据3席。

（三）上海、南京、苏州依托智能工厂建设，实现制造业效率提升

在新兴制造业领域，上海市致力于特色智能工厂建设，在生产组织维度以"机器替代人工——组织结构扁平化——网络化协同"为路径，在技术维度以

[①] 数据来源：广州市人民政府办公厅：《广州市人民政府办公厅关于印发广州市工业和信息化发展"十四五"规划的通知》，广州市政府官网：https://www.gz.gov.cn/zfjg/gzsrmzfbgt/qtwj/content/post_8318798.html，2022年6月2日。

"装备数字化—无人工厂—智能生产体系"为路径,通过数字技术应用赋能制造业高质量发展,实现了上海市制造业发展在技术创新与产业组织维度的双重提升。上海市从汽车和电子信息制造两大主导产业的智能化应用与产品生产入手,已基本完成了其产业体系中两大核心产业从自动化到数字化的转型升级,使得上海制造业数字化水平与智能制造产业规模领先全国,具备了成为世界智能制造中心城市的潜力,为上海市现代化产业体系构建奠定了基础。目前,上海在汽车、高端装备制造等重点产业领域已建成14个国家级智能工厂、80个市级智能工厂,推动规模以上企业实施智能化转型500余家,企业平均生产效率提升50%以上,能耗降低20%以上,运营成本平均降低30%以上,[①]制造新模式对企业提质增效、节能降耗成效明显。以特斯拉"超级工厂"为例,高可靠性工业互联网平台接入在工厂内实现全覆盖,通过在线测量、自动装配以及虚拟调试等技术,不断优化产品制造过程,总体设备自动化生产效率始终保持在90%以上,创下可每45秒下线一辆整车的全球行业高效制造纪录。与此同时,特斯拉将"超级工厂"作为其一个引领全球制造

---

① 崔珠珠:《在线新经济——探访上海无人工厂:产能增5倍,系统全连接》,澎湃新闻,https://www.thepaper.cn/newsDetail_forward_7074476,2020年4月22日。

业变革的产品来打造，通过在全球建厂实现技术、管理的迭代升级，并在关键环节对前期建设工厂进行垂直一体化创新改造，使其在全行业始终保持智能、高效的生产优势。

在传统制造业领域，南京市以推广普及生产过程中智能化决策控制应用为着力点，促进传统制造业数字化、智能化、绿色化转型升级，有效提升了企业能源利用效率和原材料利用率，助力南京经济实现高质量发展。南京江北新区以打造"绿色智造"高地为目标，在智能车间建设的同时，将精益生产管理方式融入各个环节，积极推动传统制造高能耗、高排放、低效益企业焕发"新活力"。例如，全国首批两化融合管理体系贯标试点单位金恒信息赋能南钢"智能化"转型，重点建设"JIT+C2M"智能工厂，成为江苏冶金行业首个"5G+工业互联网"智能工厂，同时也是全球首个专业加工高等级耐磨钢及高强钢配件的智能工厂。[1] 苏州市围绕智能化生产、网络化协同，建设"产业大脑+未来工厂"，初步实现了数字技术对传统产业的全方位、全链条智能化、绿色化、低碳化改造，大批传统制造业企业经过技术改造后，产能、效益与能

---

[1] 《南钢个性化定制智能工厂投产》，中共江苏省委新闻网：http://www.zgjssw.gov.cn/shixianchuanzhen/nanjing/202007/t20200712_6724469.shtml，2020年7月12日。

源、原材料利用效率实现大幅提升。应用5G、人工智能、大数据等先进适用技术，培育了一批技术水平领先、效益显著的"智能工厂"和具备高生产效率与柔性制造能力的"数字化车间"。2021年，苏州工业园区万元GDP碳排放0.42吨，万元GDP用水量6.09立方米，处于国内领先水平，[1] 逐步构建起数字经济时代绿色、智能、高效、共享产业创新集群的苏南发展新格局。截至2022年年底，已拥有全球"灯塔工厂"6家，在全国大中城市中处于领先地位。亿滋、博世、昆山纬创等代表性企业利用人工智能、物联网和柔性自动化技术，将生产成本降低了20%以上，能耗降低近50%，[2] 实现了智能化和绿色化的"双赢"。另外，在推进数字经济赋能城市高质量发展的政府管理体制机制创新方面，苏州市率先成立了专门机构——"苏州市推进数字经济时代产业创新集群发展领导小组办公室"，全面负责统筹协调推动全市产业数字化、智能化、绿色化转型发展工作。

---

[1] 苏州工业园区管委会：《苏州工业园区"高""新"观察丨绿色发展走在前》，苏州工业园区管委会官网：http：//www.sipac.gov.cn/szgyyq/jsdt/202304/0bf82712ca3744df95e5f3cad8ecb3aa.shtml，2023年4月6日。

[2] 陈立民：《用好"灯塔工厂"的"灯塔效应"》，新华日报：http：//www.zgjssw.gov.cn/dangjianxinlun/202103/t20210319_7016022.shtml，2021年3月19日。

（四）上海、广州依托探索数字要素价值化，拓展对外开放新路径

2021年上海数字贸易进出口额达568.8亿美元，同比增长30.8%，总体规模与增长速度均位居全国首位。上海国际数据港内10个联合实验室、2个联合研究中心（上海国际数据港发展联合研究中心、上海国际数据港汽车数据联合研究中心）[①]，围绕跨境数字信任、数据流通安全合规治理、国际数据与算力服务、国际金融数据服务和国际数字贸易服务等领域，结合国家重大战略需求中前瞻性、关键性科学问题与核心技术进行探索，为上海跨境数据流通创新试点、国际数据传输处理服务、数字贸易、数据治理、数据安全评估以及国际数字信任体系建设提供了强有力的技术支撑。依托"国际数据港"的先试先行，临港新片区实现首家企业通过数据跨境流动安全试点评估，建成国际互联网数据专用通道，推动国家（上海）新型互联网交换中心投入试点运营。此外，在数字价值化顶

[①] 《对标国际数据枢纽节点，上海临港加快建设数字贸易国际枢纽港》，中国服务贸易指南网：http://tradeinservices.mofcom.gov.cn/article/szmy/hydt/202208/136208.html，2022年8月11日。

层设计与规则制定方面,《上海市数据条例》[①]的出台对确立数据交易价格"自定+评估"原则,建立公共数据授权运营机制与重要数据和国家核心数据交易"过滤机制"具有开创性意义,为上海在数据要素化和要素数据化领域进行"先行先试"提供了制度保障。依托上海自贸试验区临港新片区、浦东数据交易所与虹桥国际开放枢纽开展数据要素化、价值化跨境流动规则的实践与创新,为中国数字规则方案贡献了上海经验,实现了上海市数字经济发展在价值与开放维度的双重提升。

广州市通过建立穗港澳数字经济创新要素高效流通体系,在加速公共数据整合应用和数字经济应用场景释放等方面集中发力,探索特定区域实行穗港澳三地数据跨境开放共享与安全高效治理新模式,构建起基本完善的穗港澳数字经济规则对接机制,在数字经济时代背景下参与"双循环"格局构建过程中占领先机。广州聚焦建设国家数字经济创新要素安全高效流通试验区定位,依据数字经济新模式、新业态发展特点和需求变化,明确促进粤港澳创新要素高效流通的重点任务,探索建设南沙(粤港澳)数据服务试验区

[①] 详见国家法律法规数据库《上海市数据条例》,国家法律法规数据库网站:https://flk.npc.gov.cn/detail2.html?ZmY4MDgxODE3ZjQyM-GFjODAxN2Y0Zjc5OTY0ZDA2N2Q,2022年1月1日。

与离岸数据中心，在数据产权、数据资产、数据交易等前沿领域加强布局，通过打造新型数据要素流通交易平台，制定交易规则和构建基础运营体系，串联打通数据从资源到资产转化的全部环节，在优势领域形成了全国标杆与国际竞争力。2022年9月广州数据交易所成立，采用"一所、多基地、多平台"架构运营，围绕数据交易服务、数据资产管理及增值、数据应用服务、金融衍生工具、数据企业孵化等业务打造多个平台，加快数据红利释放。[①] 与此同时，聚焦数据开放、共享、交换、交易、应用、安全、监管等数据要素价值化全周期重点环节，按照"无场景不登记、无登记不交易、无合规不上架"的原则，统筹建设面向场景的数据要素流通交易规则体系和基础运营体系，在数据交易模式、交易主体、交易标的、交易生态、交易安全、应用场景和全流程监管方面开展一系列创新。

（五）杭州、成都通过智慧城市建设，着力提升城市能级

杭州在全国首创"城市大脑"提供数字治理"杭

---

① 资料来源：广东省政务服务和数据管理局：《广州数据交易所揭牌成立全国首创数据流通交易全周期服务》，广东省政务服务和数据管理局官网：http://zfsg.gd.gov.cn/gkmlpt/content/4/4023/post_4023613.html#2589，2022年9月30日。

州方案"，着力推进智慧城市建设，助力城市治理现代化。杭州"城市大脑"将重大场景数字化应用作为构建城市数字经济系统与实现城市智慧化治理的重要组成部分，全面应用于城市交通、平安、城管、医疗、环境、旅游、智慧亚运和移动办事八大场景，通过完善城市感知、实时应用反馈与技术升级迭代不断完善城市治理现代化数字系统解决方案，创下多项智慧城市建设和治理现代化领域的全国第一"成绩"。通过全社会的数据互通、数字化的全面协同、跨部门的流程再造，实现了杭州市政府政策措施的民生直达、惠企直达、基层治理直达。在新冠疫情期间，杭州利用城市大脑实现"数字治疫"，通过实时获取、整合、处置产业链上下游企业运行信息，助力城市疫情防控与企业快速复工复产，凸显"城市大脑"面向重大场景的数字化应用对综合提升城市治理，城市应急保障和企业运行效率方面的重要支撑作用。

成都市通过探索营造场景赋能，充分释放"智慧蓉城"多元数字应用场景的驱动能力，创新"数字政府+数字社会"模式，构建起开放协同的城市发展和治理生态，实现了对城市数字经济发展和治理能力现代化水平的双重提升。宏观规划引导层面，成都市将所辖各行政区域人文与自然景观资源、人口分布、功能定位、产业基础、地铁与主干交通网络空间叠加整合，形成智慧城市治理底图；在微观建设实施层面，基于治理底图，全面强化城市管理场景驱动，突出区域发展特色与重点，通过功能区布局优化，推动数字经济在全域差异化协同发展，形成对高端要素吸引、文化传承创新、创新策源孵化、国际门户枢纽、生态价值转化、乡村全面振兴等城市核心功能的强力支撑。2021年成都因创新推行网络理政，打造智慧之都、宜居包容之城方面取得诸多开创性成绩，荣获"世界智慧城市大奖"[①]。

二　数字经济推进城市高质量发展的路径启示

通过梳理我国典型城市推进数字经济发展的经验，可以发现这些城市普遍致力于深耕数字技术创新、平台载体建设、推动数实融合、数据要素价值化、拓展场景应用中的个别细分领域，结合自身创新能力、产业基础、资源禀赋、基础设施、地理区位优势，聚焦创新、共享、绿色、开放与协调的新发展理念，探索赋能城市实现高质量发展的特色路径，从而带动城市

---

① 资料来源：《成都斩获"世界智慧城市大奖·宜居和包容大奖"》，澎湃新闻：https://m.thepaper.cn/baijiahao_15440221，2021年11月18日。

经济发展与治理现代化能力实现突破性发展。

（一）以数字技术为基础，增强城市经济创新策源能力

数字经济通过影响经济规模、生产效率、技术创新三个方面显著提升了城市全要素生产率水平（张凌洁、马立平，2022）并存在空间溢出效应（张微微、王曼青、王媛等，2023），进而形成对整体区域创新绩效提升的促进作用（徐向龙、侯经川，2022）。从北京、合肥两市的数字经济发展经验可以看出，两市数字经济的崛起主要依托政策优势、区位优势、人才优势和研发机构优势，着力构建数字经济创新生态，致力于打造数字经济创新资源聚集地、数字产业化的创新策源地、全国数字产业化高地和产业数字化方案输出地。

具体到路径与传导机制上，一是充分发挥数字经济发展对全要素生产率的提升作用。由于数字技术具有使用广泛、持续改进、激发创新的特点，通过数字技术创新和扩散效应可以有效提高城市的全要素生产率。二是充分发挥数字技术对产业创新发展的赋能作用。以5G、云计算、大数据、人工智能、区块链等为代表的数字技术创新迭代周期大幅缩短，加速推动城市经济价值链加速重构，使得创新活力、集聚效应和

应用潜能加速释放，与此同时，与数字技术相关的产品、服务正在全面融合渗透制造业产业链的各个环节，对制造业智能化、服务化的赋能作用迅速增强，使得数字化发展成为传统制造业城市重塑产业竞争力的重要途径。三是充分发挥数字经济创新溢出作用，从而助力形成城市产业创新生态系统。一方面，在数字经济背景下，创新主体能够基于数字技术实现实时互动，创新合作被重新定义（曲永义，2022）；另一方面，城市数字经济繁荣发展能够提升城市能级，推动要素集聚和优化区域金融结构，在完善的金融保障环境下，使得数字经济的技术溢出效应更便于实现。

（二）以平台网络为载体，完善城市产业共享生态系统

顾名思义，平台经济发展离不开高效的数字平台支撑，基于网络平台，企业生产与服务能够突破传统的地理和资源约束，数字化网络平台实现了跨时空、跨国界、跨部门地集成社会生产、分配、交换与消费活动（谢富胜、吴越、王生升，2019）。数字经济背景下，以现代信息网络平台为载体构建起的产业共享生态，极大地促进了社会生产力的发展（蓝庆新、窦凯，2018）。从典型制造业城市转型发展过程来看，工业互联网日渐成为制造业智能化转型的核心，实施

智能制造，建设工业互联网企业级平台也日渐成为中国制造业企业转型升级的主要方向（吕文晶、陈劲、刘进，2019）。从深圳、广州两市发展的经验可以看出，依托龙头企业带动，以平台网络为载体，通过建立起完善的数字经济产业共享生态，实现了数字产业的"链"+"圈"共生发展。具体到路径与传导机制上，一是通过构建精准、实时和高效的数据采集系统，实现工业企业全要素、全产业链、全价值链的资源优化与配置效率提高。二是企业研发、中试、生产与销售全过程通过工业互联平台实现"上网上云"，能够催生出更为高效的网络化协同、大规模个性化定制、智能化生产、制造服务化等新型制造模式。三是基于互联网平台整合分析生产、销售以及用户反馈数据，能够使企业对设计研发、生产组织、管理服务、品控提升等环节进行全方位优化，有利于企业的技术创新、组织管理变革、要素配置优化与产品质量提升，使得企业生产组织具有更大的柔性。

（三）以数实融合为驱动，促进城市产业绿色转型升级

数字经济与制造业高质量发展之间具有积极的正向影响，两者深度融合能够推动制造业实现质量、效率、动力变革（焦勇、刘忠诚，2020），数字技术通过

规模和技术进步效应实现对制造业绿色化转型的促进作用（戴翔、杨双至，2022），同时，数字经济的发展能够驱动城市向集约化、绿色转型，且这一驱动作用对生产空间转型的影响更为突出（刘新智、孔芳霞，2022；余德明，2022）。据中国信通院《数字碳中和白皮书》预测，到2030年，数字技术将推动全社会实现12%—22%的减排，并且赋能不同行业减排10%—40%。从上海、南京、苏州三市的发展经验可以看出，以数实融合为驱动日渐成为夯城市产业发展智能化、集约化、高效化、绿色化转型的基石。

具体到路径与传导机制上，一是以代表性技术应用为驱动，通过建设数字化生产线、数字化车间及智能工厂，树立制造业数字化转型标杆，形成"灯塔"效应，实现生产效率提升。这一过程不仅对大型制造业企业产生直接的效益，同时还可以发挥其"灯塔"效应，有效降低数字化技术应用门槛和成本，加速数字技术向中小企业应用和推广，从而推动更多的传统制造业实现数字化转型，在城市中合力形成数字化产业集群。二是数字经济的发展可以为城市现代化经济体系建设提供更好的要素匹配机制，大幅提升要素配置效率。由于数字技术的高渗透、高连通特性，使得各种要素资源在不同行业、企业间能够快速融合和共享。由于数字技术的应用能精准地将生产资料在不同部门进行分配，通过算法驱动，精准快速识别有效需求，降低资源投入和消耗，继而更好地保证经济发展中要素投入的充裕性与持续性，可以减少传统经济模式下对自然资源的过度消耗，实现对资源利用效率的提升。三是数据作为新的生产要素投入到产品生命周期的各个环节，打破了传统要素的配置方式，进而通过加剧市场竞争和优化产业分工，减少资源错配和市场扭曲（余文涛、吴士炜，2020），使得传统生产方式得到改进，生产模式得到优化（黄赜琳、秦淑悦、张雨朦，2022），推动传统产业数字化、自动化、智能化、绿色化转型，实现传统行业的再造，使之产生"动能倍增效应"（李晓华，2018），进而促进产业内部结构优化升级，实现对城市经济高质量发展的支撑作用。

（四）以数据为关键要素，畅通城市内外开放循环格局

伴随数字经济发展，数据价值化实现与数字贸易逐渐成为世界各国在数字经济领域竞相博弈的战略基点（赵新泉、张相伟、林志刚，2021），也日渐成为推动我国双循环新发展格局构建的"加速器"。数据显示，2022年我国可数字化交付的服务贸易规模达到2.5

万亿元，比 5 年前增长了 78.6%，[①] 数字贸易已经成为助力我国贸易增长的新引擎。数字贸易能够助力需求和供给两大体系的有效衔接和动态匹配，同步升级赋能"双循环"战略，构建起新发展格局背景下的城市经济高质量动态运行体系。从上海、广州两市发展的经验可以看出，两市一方面通过建设国际数字贸易枢纽港，打造"数字空间"中面向世界的开放窗口，助力链接全球数字经济新场景，拓展对外开放渠道，形成数字经济创新要素高效流通体系，另一方面，通过打造新型数据要素流通交易平台，制定交易规则和构建基础运营体系，打通数字产品的"双循环"通道，成为两个典型大都市提升对外开放水平与贸易竞争力，参与国际国内双循环格局构建的重要战略措施。

具体到路径与传导机制上，一是在国内大循环中，数字价值化与数字贸易能够扩大数字产品产量，进而获得规模经济效应（丁志帆，2020），实现国内超大规模市场消费潜力的多层次、多渠道释放；二是在国际大循环中，数字经济"无边界、全球化、全天候泛在"的市场特征有助于打破国家的物理障碍，降低交易成本、提高交易效率；三是数字贸易是传统贸易在数字经济时代的拓展与延伸，能够推动消费互联网向产业

[①] 《我国将加快发展数字贸易》，中国政府网：http://www.gov.cn/xinwen/2023-03/03/content_5744223.htm，2023 年 3 月 3 日。

互联网转型并最终实现制造业智能化的新型贸易活动（马述忠、房超、梁银锋，2018）。以大数据为依托，数字经济催生了大数据直接产业、关联产业和渗透产业等新兴业态（李天宇、王晓娟，2021），数字化技术激活了以往不能实现的居民需求，通过创造新供给来催生新需求，从而带动内生性的投资，实现供给与需求侧改革，为双循环构建注入活力。

（五）以场景应用为牵引，提升城市综合治理协调水平

数字经济的发展不断推动着城市产业结构转型升级的同时，也为城市治理现代化提供了新的路径（Tooran Alizadeh、Tony H. Grubesic、Edward Helderop，2017）。近年来，我国重点城市运用大数据、云计算、区块链、人工智能等前沿技术显著推动了城市管理手段、管理模式、管理理念创新，逐步实现了数字化到智能化再到智慧化的城市治理水平升级（龚中航，2022；谢小芹、任世辉，2022；刘博雅、王伟、徐大鹏，2021；朱文晶，2021）。从杭州、成都两市发展经验来看，通过推进数字技术在提升城市公共服务、社会治理、网格治理、智慧城市、数字社区、全民数字化能力等方面的深度应用，从而实现应对城市超大规模、超高密度、超高速率、高复杂性的多元场景的治理需求。由于数

字技术在典型大城市应用场景更为丰富，使得智慧城市功能升级与业态涌现较别的地区也更为迅速。具体到发展路径与影响机制上，通过构建"智慧城市"与"数字孪生城市"，使得城市物理空间和社会空间场景都以信息的形式呈现，使之成为城市数字化治理和发展数字经济的重要载体。在智慧城市架构中，以数字城市、智慧政务、智慧交通、智慧能源为重点领域的应用场景推动了一系列数字服务和数字硬件制造的发展，对城市数字功能的升级速度、要素市场的完善程度、产品与服务技术水平不断提出新要求，从而推动了数字产业与城市智慧化需求场景的相适应与对接。在这一过程中场景丰富催生了更为海量的数据来源，海量的用户需求牵引助力城市数字经济相关的新产品、新业态与新模式不断涌现，而城市治理应用功能升级使得数字技术迭代加速，结合智慧城市高效治理体系在宏观层面实现及时调控与促进充分就业，在微观层面实现实时协调产业组织与资源配置。伴随智慧城市发展形成的多方面反馈效应叠加，使得数字经济对城市高质量发展的整体促进得到实现。

第三章 厦门数字经济发展的总体思路与路径

随着新一轮科技革命和产业变革深入推进，作为其中创新最活跃、变革最深刻的部分，数字经济正在成为重组全球要素资源、重塑全球经济结构、改变全球竞争格局的关键力量。厦门应加快推进数字产业化、产业数字化和数字治理，将数字经济作为开辟新赛道、激发新动能、塑造新优势以及满足人民日益增长的美好生活需要的重要抓手。

一 发展思路

以习近平新时代中国特色社会主义思想为指导，深入贯彻党的二十大精神，全面落实习近平总书记来闽考察重要讲话精神及数字中国、网络强国、智慧社会等国家战略部署，以国家《"十四五"数字经济发展规划》《"十四五"国家信息化规划》《福建省"十四五"数字福建专项规划》《福建省做大做强做优数字经济行动计划（2022—2025年）》和《厦门市国民经济和社会发展第十四个五年规划和二〇三五年远景目标纲要》等为依据，立足新发展阶段，贯彻新发展理念，构建新发展格局，以高质量发展为主题，以供给侧结构性改革为主线，依托厦门生态生活环境优、产业基础好、创新能力强、开放水平高、市场需求新等优势，抢抓新一轮科技革命和产业变革深入推进、数字经济核心产业快速发展与赋能作用持续释放、高水平对外不断深入特别是"一带一路"倡议行稳致远的重大机遇，以数字科技、数据要素、数字平台和数字生态为中心，以既有数字产业做优做强做大和新兴数字产业的孵化培育壮大双轮驱动，以高水平科技创新中心、特色产业集群、产业开放与合作基地、应用示范场景为依托，优化营商环境、深化对外开放、激发投资潜能，在数字科技、数字产业、数据要素、数字治理、数字社会等方面勇于创新，全力夯实数字基础设施、完善数字产业生态、建设数据资源体系、加快产业迭代升级、优化数字民生服务、提升数字治理水平、强化数字经济安全、释放数字经济价值，构建现代化数字经济新体系，数字经济核心产业比重、产业数字化和数字治理水平居于全国前列，在智能制造、智慧海洋、数字国际合作、数字政府等领域形成优势和鲜明特色，努力把厦门打造成为数字变革前沿阵地、数字经济产业发展高地、"数字中国"建设样板城市和全国数字经济创新发展示范市。

二 发展原则

政府引导，市场主导。发挥政府在弥补市场失灵、优化发展环境等方面的积极作用，在遵循数字经济发展规律的基础上，不断深化体制机制改革，引导资源配置，促进产业集聚发展和数字技术在各领域的广泛深度应用，集中力量解决制约数字产业发展的技术、市场需求、应用场景等问题。强化企业的创新主体地位和在数字经济发展中的主导作用，激发市场主体创新创业活力，优化资本、技术、人才、数据等各种要素的配置水平，吸引全国全球创新和产业资源向厦门汇聚。

创新驱动，提质增效。坚持科技是第一生产力、人才是第一资源、创新是第一动力，深入实施创新驱动发展战略，加大对数字科技创新支持力度，鼓励企业持续加大创新投入，加快掌握具有自主知识产权的关键核心技术，全面提升厦门数字经济的创新能力和技术水平，在前沿数字技术和未来数字产业领域取得重要突破，发挥数字科技策源地作用。高度重视数字经济的绿色发展，通过数字技术、商业模式和产业业态创新，推动厦门数字经济在全球价值链中地位的攀升，提升产出效率、附加价值、经济效益和低碳发展水平。

数据赋能，强化融合。积极推进构建数据基础制度，有序推动公共数据以模型、核验等产品和服务等形式向社会提供，推进非公共数据按市场化方式"共同使用、共享收益"，增强数据的可用、可信、可流通、可追溯水平，为激活数据要素价值创造和价值实现提供基础性制度保障。深入推进大数据、云计算、移动互联网、物联网、人工智能、区块链等数字技术与经济社会各领域全面、深度融合，使数据作为关键生产要素赋能产业发展、人民生活和城市治理，充分发挥数据要素的叠加倍增效应，释放数据要素潜能、激发经济新活力。

链群协同，完善生态。推动数字经济核心产业的产业链延伸，补齐产业链关键核心环节的短板，并向高附加值、高利润率的研发设计、数字服务、平台运营、系统解决方案提供等环节拓展，提高厦门在数字产业链中的掌控力。不断优化产业园区基础设施、完善配套服务，以厦门国家火炬高新区、厦门大学国家大学科技园等核心产业园区为载体，促进数字经济企业向园区集聚。大力发展平台经济，鼓励厦门科研机构和企业积极培育垂直行业的开源社区、运营平台、增值服务平台，在更大范围内利用全球资源实现平台企业超速成长。

立足优势，突出特色。立足厦门发展基础和发展优势，围绕数字产业化、产业数字化和数字治理等方向，深入推进数字经济发展，打造具有特色的数字经济产业体系。坚持做大做优做强平板显示、计算机与通信设备、软件和信息服务业等厦门具有明显优势的产业，同时进一步强化创新引领能力；半导体和集成电路、信息安全、移动互联网、动漫游戏、行业应用软件等行业进一步强化优势，在细分领域取得行业领先。

前瞻谋划，先行先试。将前沿技术突破和未来产业培育作为厦门数字经济跨越式发展的抓手，结合厦门优势条件与技术前景预见及早进行谋划布局。秉承鼓励创新、包容审慎的原则，破除限制前沿技术产业化应用的体制机制障碍，在具有发展前景的重点数字未来产业领域设立一批数字技术检验检测认证中心和实测场地，打造一批数字经济应用新场景，鼓励企业在新技术、新产品、新模式、新业态等方面进行积极探索、先行先试，在数实融合、上云用数、新模式新业态创新等领域开展试点示范，及时总结形成可复制可推广的经验。

扩大开放，强化合作。依托中国（福建）自由贸易试验区厦门片区进一步扩大规则、规制、管理、标准等制度型开放，深化海峡两岸在数字经济要素流通、技术创新、新业态培育、新发展模式探索等方面的合作，大力吸引全球范围的人才、技术和投资。鼓励优势企业进行海外布局，加强与金砖国家、"一带一路"沿线国家开展数字经济交流合作，积极扩大数字产品、数字服务出口。深化与漳州、泉州、粤港澳、长三角和台湾地区的数字经济合作，根据各自优势形成专业化分工、完善产业链条和产业生态。

三 发展定位

厦门数字经济创新发展的定位是：全国影响力的数字科创中心、数字未来产业先行区、数字消费示范城市、数字经济国际合作前沿阵地和全省数字经济核心增长极。

全国数字科创中心。充分利用厦门优越的自然人文环境、对台开放前沿和21世纪海上丝绸之路战略支点城市的独特优势，有效促进全国和全球创新要素及资源汇聚流动，支持本地大学、科研机构、企业研发中心聚焦人工智能、区块链、网络信息安全等关键核心数字技术领域开展全球领先的源头技术创新。

数字未来产业先行区。前瞻布局人工智能、脑机接口、元宇宙、Web 3.0等前沿技术推动的未来产业领域，吸引全球数字经济领域的前沿技术成果商业转化，大力支持创新创业，鼓励新产品、新模式、新业态创新，在若干数字未来产业细分赛道形成全球领先优势，成为数字未来产业重要策源地。

国家数字消费示范城市。适应数字化智能化的消费需求发展趋势，积极开发数实融合的数字产品，推动动漫游戏等数字娱乐、数字视听产业的转型升级。大力推进"数字+"消费深入发展，在旅游、餐饮、文化、体育、娱乐等领域打造线上线下融合一体化场景，积极推动元宇宙等新兴数字技术在消费领域应用。

数字经济国际合作前沿阵地。依托"金砖峰会"拓展的朋友圈，促进与"一带一路"沿线国家数字基础设施互联互通、共建新工业革命领域赋能平台，积极发展数字贸易，参与数字技术标准和数字贸易、数字治理规则制定。

全省数字经济核心增长极。加快发展平板显示、计算机与通信设备、大数据、人工智能、集成电路、网络信息安全等数字产业，实施"数字+""智能+"行动，大力推动农业、制造业、金融教育、医疗、交通、养老、文旅等产业与数字技术深度融合和智能化转型，打造全省数字经济发展核心增长极。

四　发展目标

到2025年，基本形成数字科技创新活跃、数字核心产业支撑明显、数字要素活力充分释放、数字化转型全面展开、数字产业生态趋于完善的数字经济新型生产关系，数字经济成为全市转型发展和创新超越的强大引擎，成为"数字中国"建设样板城市和数字经济创新发展示范市。到2030年，数字经济核心产业占比全国领先、产业数字化和数字治理特色鲜明，数实融合全面深入推进，数据要素全域赋能，数字治理体系完善高效，数字生活丰富便捷，进入全国数字经济重要城市前列。

数字科创能力显著提升。研发投入显著增长，数字科技创新体系基本形成，形成一批国家级和省级重点实验室、技术创新中心、工程研究中心、新型研发机构等数字技术创新平台，打造一批全国一流的科创平台、国家级双创示范基地，在数字科技重点领域形成一批重大科技成果，信息技术发明专利授权数达到2500件，科技创新策源能力显著增强。

数字基础设施广泛覆盖。全市实现5G、千兆光网、窄带物联网高质量覆盖，网络、应用、终端全面支持

IPv6，建成技术领先、云边协同、算网融合、绿色节能的适应本地需要的算力基础设施，5G用户普及率达到23%，物联网终端用户数达到1830万人，互联网数据中心标准机架数达到25000个。城市市政公用设施、环卫设施、地下管网、电网等公共基础设施的数字化智能化水平达到国内一流，基本建成涵盖主要行业的低时延、高可靠、广覆盖的工业互联网网络基础设施。

数字人才形成有力支撑。形成学科结构优化、专业设置合理的由研究型大学、应用型大学、职业学院、在职培训构成的多层次数字人才教育和培训体系，满足本地及周边数字经济发展对计算机、软件、通信等硬科技人才以及数字经济、网络运营等经济管理类人才的需求。不断优化人才引进政策，在落户、住房、子女入学、社会保障等方面，形成对高端数字人才的吸引力，引进或培育一批数字科技领域的国际顶尖人才、国家级领军人才，吸纳一批数字科技领域的地方高级人才。

数字经济的引擎作用更加明显。"光芯屏端网"世界级产业集群竞争优势不断提升，高水平建设中国"软件名城"，培育一批数字经济"独角兽"企业和平台企业，壮大一批特色优势产业集群，数字经济核心产业规模不断提升，到2025年，规上电子信息制造业营业收入达到4000亿元，规上软件与信息技术服务业营业收入达到550亿元，网络零售额突破2500亿元，跨境电子商务交易额突破150亿元，数字经济核心产业增加值占GDP的比重比2020年提高3个百分点，达到全国主要城市领先水平。

产业数字化转型深入推进。工业数字化水平显著提升，规上工业企业全面实现"上云上平台"，关键业务环节全面数字化的规模以上制造企业占比达到70%，建成一个以上国内领先的工业互联网平台，两家以上企业入选世界经济论坛"灯塔工厂"，一批企业入选国家智能制造、服务型制造等数字化转型试点示范。建成一批农业数字化基地，形成从田头到餐桌的数字农业化产业链。"数字+""智能+"在金融、物流、商贸、旅游、文化等服务行业各领域深入推进，跨界融合新模式新业态快速发展，形成一批全国领先的数字化创新应用标杆性企业。

数据要素价值充分发挥。公共数据、企业数据、个人数据的分类分级确权授权制度基本建成，数据质量标准化体系快速推进，规范高效的数据交易市场有序运转，"原始数据不出域、数据可用不可见"的数据交易机制基本形成，市场主体依法依规享有对数据的持有、使用、获取收益等权益。针对跨境电商、跨境支付、供应链管理、服务外包等典型应用场景的数据跨境传输机制稳步推进，海峡两岸数据要素流动枢纽地位初步形成。

数字治理水平显著增强。建设跨系统、跨部门、跨层级的统一政务大数据平台和政务云，完成非涉密政府部门信息的迁移上云，打造"一网通办"的政务服务平台，实现医疗、养老、就业、交通、卫生、教育、文化、体育、旅游等公共服务领域的数字化普惠应用，政府管理、城市治理、民生服务等领域数字化智能化水平显著提高，市级行政许可事项网上可办率达到100%，行政审批和公共服务事项"一趟不用跑"比例达到96%，智慧城市和数字乡村建设走在全国前列。

五　发展路径

推动厦门数字经济加快发展，需要在供给侧和需求侧同时发力，形成政府和市场机制的合力，重点围绕增强数字经济创新能力、做大做强数字经济产业、孵化未来数字产业、完善数字经济产业生态、加强应用场景创新、全面推进数字化转型、打造数字产业集群、扩大数字经济开放等方面，探索出既遵循产业发展一般规律，又符合本地特色的数字经济发展路径。

（一）以科技创新为动力，增强数字经济策源能力

创新是经济发展的根本推动力。当前新一轮科技革命和产业变革突飞猛进，不断涌现新技术，孵化新产业，为经济发展持续注入新动能，也为后发地区提供了跨越式发展的历史机遇。数字经济是科技创新最活跃的领域，每年都有大量的新兴技术出现、成熟和应用扩散，催生新产品/服务、新模式、新业态。从"数字经济"这一概念出现后二三十年的发展历史看，那些抓住数字科技创新机遇的国家和地区，成为数字经济的发展中心。虽然科技成果具有公共产品的性质，但是那些科技成果诞生的城市不但具有先发优势，可以最先捕捉到数字科技突破可能带来的产业机会并进行商业开发，而且在后续的商业化和产业化过程中，也会具有更充裕的科技人才供给。

数字经济存在网络效应和正反馈机制，由此导致每一个细分领域都存在"赢家通吃"的效应，那些越早进入的企业和地区，就越可能成为市场最后的赢家。因此强化科技创新，不仅具有重要的正外部性，而且有利于本地区产业的发展。数字经济创新发展示范区需要具有强大的产业创新策源能力。可以看到，我国数字经济的中心城市（如北京、上海、广州、深圳）和一些后起之秀（如杭州、南京、武汉、成都、合

肥），都具有很强的科技创新能力。

对于厦门而言，强化创新驱动，既要尽可能争取国家重大科学装置、科技专项等各类研发项目、经费支持，也需要本省/市加大对基础研究、产业共性技术研究的政府支持力度，特别是要将数字科技作为政府研发经费投入的重要领域给予倾斜。此外，还要大力引导本地企业加大研发经费投入。本地区的科技创新投入既要着眼于强化已有产业的优势或补齐短板，也要对前沿技术前瞻布局，争取能够在一些领域率先实现突破，或者当出现重大技术突破时能够及时跟进。强化科技创新既要依托大学、科研院所等传统创新载体，也要创新科研组织模式，比如设立机制更加灵活的新型研发机构，通过开源社区、众包等方式集聚全球创新资源，同时更要发挥企业研发机构的活力，营造鼓励企业创新的制度和政策环境。

（二）以招商引资为抓手，促进数字产业做大做强

经济增长需要资本、劳动和技术等生产要素的投入，而劳动、技术等生产要素往往又是与产业资本紧密结合在一起的，因此产业资本的进入是经济增长的重要推动力，招商引资是包括我国在内的后发国家经济起飞和工业化的重要经验。可以看到，改革开放以来特别是分税制改革以来，我国地方政府都在大力招

商引资，招商引资做得好的地区和城市，往往经济发展也更好。近年来，我国经济整体上呈现增速下台阶的态势，但是数字经济一枝独秀，增长速度远远超出GDP的平均增速，因此成为各地招商引资的热点领域，对项目、资金的竞争趋于激烈。大力招商引资对地方数字经济发展具有三方面的作用：一是相对于自身积累的增长方式，招商引资可以更快速地扩大产业规模，特别是本地具有优势的产业能够通过吸引投资在更短时间内做大做强，形成更加完整的产业链；二是招商引资不但能够强化本地已有的产业，而且能给本地带来新的产业增长点，使数字经济产业体系更趋完善；三是招商投资往往是产业链上下游企业的组团投资，同时外来投资对本地就业的吸纳、对本地产业配套的带动，有利于形成完善的产业生态。

招商引资的来源地不仅限于外资，而且也包括国内特别是数字经济发达地区的投资。招商引资的目标企业不仅包括行业龙头企业、大型平台企业，也应包括专精特新企业、隐性冠军企业，也欢迎大量的中小企业、初创企业。招商引资的领域既包括数字经济核心产业，也包括产业数字化的领域。招商引资既要提供给重要企业以优惠政策，更重要的是要宣传厦门的优势和条件、营造良好的营商环境，让企业看到在厦门投资、发展的美好前景。招商引资一方面要按照传统方式列出重点领域、重点企业清单，对具有重要带动作用的产业链龙头企业重点攻关，又要通过会展、各类洽谈会以及网站、各种新媒体吸引更广泛企业的投资。要发挥厦门与台湾地区经贸文化联系紧密、金砖峰会扩大国际知名度以及在地域上靠近长三角与粤港澳等我国两大经济中心的优势，加强对国内重点地区和重点国家的招商力度。

（三）以前瞻布局为支撑，积极孵化未来数字产业

每一次科技革命和产业变革时期，都会有前沿科技的突破及其产业化转化形成一批具有发展潜力的未来产业，这些未来产业可能会在5—10年成熟、壮大，一方面成为国民经济的重要组成部分和经济增长的重要动力，另一方面其中具有通用目的技术特征的产业还将为国民经济已有的产业进行赋能，促进其质量、效率和动力变革。数字经济是科技创新最活跃的产业领域，同时也是未来产业最可能大量涌现的领域，例如元宇宙、Web 3.0领域可能会出现数字经济的一系列新赛道。由于未来产业尚处于产业生命周期的初期阶段，既具有巨大的发展潜力也存在高度的不确定性，无论是发达国家还是后发国家都处于相似的起跑线上，存在着后发国家实现"换道超车"的历史机遇。未来产业的发展既需要科技创新的推动，又需要市场需求

的拉动。在前沿技术——产品原型——工程化——商业化的产业发展过程中，特别是在初期新产品的技术不成熟、性能往往无法与既有产品竞争，同时由于成本居高不下、应用领域不清晰，完全依靠市场的力量需要经历漫长的过程，政府可以在促进科技创新与市场化应用方面发挥重要的作用，这也是在此次新科技革命和产业变革中，美国、欧盟及其成员国、日本、英国、韩国等均纷纷布局未来产业的内在原因。在国内，国家"十四五"规划《纲要》提出"前瞻谋划未来产业"，许多地方政府也纷纷制定了本地的未来产业发展规划或行动计划，其中数字经济是未来产业前瞻布局的重要领域。

厦门应在对前沿科技和未来产业发展方向进行预测研判的基础上，根据本地的资源条件、产业基础、经济社会发展目标，制定未来数字产业发展规划，编制未来数字产业重点培育的"城市清单"。对于这些前瞻布局的未来产业数字方向，既要在研发创新上加大投入，同时也要对于场景创新、早期应用给予更多的支持。同时要深入放管服改革、优化营商环境，营造良好的创新创业氛围，吸引投资和鼓励企业在未来数字产业的新赛道上进行探索。

（四）以平台企业为龙头，完善数字经济产业生态

平台是数字经济的典型组织形态。数字经济中的平台是典型的双边平台，是将不同用户聚集在一起的中介和作为用户活动发生的基础设施，是一种将两个或者更多个相互独立的团体以供应的方式联通起来的商业模式。平台具有拓展受众、匹配交易、制定规则和标准、提供核心工具和服务等功能，平台本身并不向最终用户提供产品或服务，而是建立供应商和最终用户之间的连接、促成二者的交易，实现三方的共赢。由于平台一侧最终用户的需求是由平台另一侧供应商提供的产品和服务所满足的，因此平台所能提供的产品和服务的数量和种类取决于平台能够吸引多少供应商和用户，这就打破了传统企业自身资源和能力对成长的限制，能够利用全国乃至全球范围内的资源实现平台的增长，使平台表现出远超传统企业的增长速度，再加上数字经济中网络效应的存在，最终形成少数几个平台垄断细分市场的"赢家通吃"格局。

尽管平台的连接范围是全球性的，即连接全球供应商、服务全球用户，但是与平台企业的物理空间联系仍然非常重要。平台企业可以通过业务的多元化、员工离职创业、产业链联系等方式带动一个地区和城市数字企业数量的增长和规模的扩张，加速数字经济

产业生态的形成。可以看到，数字经济领先世界的中美两国都有大量知名的平台企业，而那些数字经济发达的城市也往往在主要细分数字行业拥有龙头平台企业。

厦门要成为数字经济创新发展示范市，必须要有几家叫得响、在细分领域全国乃至全球领先的数字经济平台企业。平台企业在大多数情况下难以靠招商引资获得（少数如南京引进满帮、上海引进商汤），即使引来平台企业的投资，也多以服务当地的业务、部分业务环节等为主。因此，要把在新兴的数字经济领域培育、壮大平台企业作为重点，增强平台企业在厦门的根植性。这些新兴领域既包括消费互联网领域中的新技术、新模式、新业态创新，也包括在产业数字化过程中在细分产业领域可能涌现出的产业互联网平台。

（五）以应用场景为牵引，加速新兴领域做大做强

"商品到货币是一次惊险的跳跃。如果掉下去，那么摔碎的不仅是商品，而是商品的所有者。"[1] 市场需求无论在新模式新业态的涌现还是在新兴技术的商业化产业化过程中都发挥着必不可少的作用。新兴技术

---

[1] 中共中央马克思恩格斯列宁斯大林著作编译局：《马克思恩格斯全集》第31卷，人民出版社2005年版，第483页。

的产业化过程中需要跨越"死亡之谷"和"达尔文海",而其中的关键就是要使企业实现产品的销售和应用,从而获得收入和利润。利用从产品销售中获得的利润,企业才能持续地进行创新投入,从而不断改进产品性能、降低产品成本,进而使产品获得更多的用户、形成更大规模的产业。但是在新产品上市的初期,市场的认可度低,与既有产品替代的功能往往存在技术性能或成本上的劣势,而新产品由于性能、稳定性、可靠性不足,也很难吸引足够多的用户使用。具有较大规模的市场需求的形成可以依靠企业或市场自发的力量,但是往往需要经历一个漫长的过程,甚至由于投资回报周期长、企业难以承担,而造成具有前景的新产品退出市场。相反,如果政府能在市场需求方面提供帮助,比如工程化早期阶段的产品竞赛、工程化阶段的国防采办、商业化阶段的政府采购以及基础设施建设投资等,就能够形成与新兴领域发展阶段相适应的市场需求,从而加速新技术的商业化产业化步伐。

此外,新产品进入市场经常会遇到现有法律法规的制约,或者进入法律法规的"真空"领域,如果监管过于严格那么新产品就不可能获得实际场景下的应用。2014年10月美国联邦第七巡回上诉法院大法官同时也是著名法学家波斯纳在关于Uber和Lyft等平台是否需要接受类似出租车的监管的判决书中就指出:"当新技术或新商业模式诞生时,通常的结果是老一代技术或商业模式的式微甚至消失。如果老一代技术或商业模式获得宪法赋予的权利,将新生事物排除在自己的市场之外,那么经济发展将可能停滞。我们可能就不会有出租车,而只有马车;不会有电话,而只有电报;不会有计算机,而只有计算尺。"

场景是关系数字经济新领域发展的重要资源,政府通过法律法规和政策的创新开启应用场景对于新技术的成熟和新产业的发展至关重要。厦门应该勇于先行先试、进行法律法规和政策的创新,为数字技术的产业化"解绑",积极为产品找场景、为场景找产品,以名企、名品、名园、名城打造数字经济的场景创新引领之城。探索以产业园统筹规划园区的数字化服务能力为载体,为数字经济企业和产品提供应用场景。一是通过数字化管理场景,实现企业入住申报、政务代理、企业云服务、电子商务、区域物流、智能会展、科技资源共享与成果转化等生产性服务的数字化。二是实现园区员工数字生活场景,实现生活服务、医疗预约、餐饮服务、交通出行、团建活动组织、在线教育等生活性服务的数字化。三是园区数字智慧管理场景,全面实现资源在线、客户在线、服务在线和财务在线及运营的数据应用和数据决策,进而实现运营可视化、服务数据化、决策创新数据化的运营目标。构建园区空间资产和虚拟资产的数字化孪生的管控体系。四是打造园区数字大脑，实现园区规划、招商、建设、运营管理一体化，提升园区规划和招商水平，降低园区运营成本，优化营商环境。

（六）以数实融合为方向，加快全面数字化转型

数字技术是典型的通用目的技术，能够在广泛的产业领域获得应用，并推动各产业的深度变革。随着云计算、大数据、物联网、移动互联网、人工智能、区块链等数字技术的成熟，不仅它们本身的"数字产业化"获得快速发展，而且已经开始向国民经济各产业渗透、融合，数字经济已经从消费互联网为主的阶段进入产业互联网蓬勃发展的阶段。在 2021 年 10 月 18 日十九届中央政治局第三十四次集体学习时，习近平总书记指出："促进数字技术和实体经济深度融合，赋能传统产业转型升级，催生新产业新业态新模式，不断做强做优做大我国数字经济。"[1]"推动数字经济和实体经济融合发展。要把握数字化、网络化、智能化方向，推动制造业、服务业、农业等产业数字化，利用互联网新技术对传统产业进行全方位、全链条的改

---

[1] 本书编写组：《习近平讲故事（第二辑）》，人民出版社 2022 年版，第 149 页。

造，提高全要素生产率，发挥数字技术对经济发展的放大、叠加、倍增作用。要推动互联网、大数据、人工智能同产业深度融合，加快培育一批'专精特新'企业和制造业单项冠军企业。"[1] 数实融合已经成为数字经济发展的重要方向，不仅推动产业数字化的快速发展，也将形成数字产业化的新机遇。数实融合不仅体现在产业的生产过程，而且包括企业内部的全领域、产品价值链的全过程、产品的全生命周期以及企业所处的全生态体系，包括要素融合、技术融合、设施融合、流程融合、产品融合等多种融合形态呈现，具有广阔的发展空间。

厦门需要将数实融合作为重要方向，通过完善数字基础设施、开放数据要素、支持企业数字化改造、推进产业互联网平台发展等举措，加速本地企业数字化智能化转型的进程，使厦门产业发展、政府治理和社会服务的数字化水平进入全国领先行列；同时，也要重视数字化赋能企业本身的发展，包括培育和引进大数据、人工智能等数字技术赋能企业，促进先进数字技术与传统产业的融合，如5G＋工业互联网、区块链＋农业等；支持本地龙头企业建立工业互联网平台并在成熟后对行业开放，由此聚集一批具有竞争力

---

[1] 习近平：《习近平著作选读》第2卷，人民出版社2023年版，第527页。

的数字化工具、数字化转型解决方案提供和数字化转型平台企业，形成数字化智能化转型的完整产业生态。

（七）以产业集群为载体，增强数字经济竞争力

产业集群是由某一行业的同类企业以及与这些企业密切相关的供应链上下游配套企业、生产性服务提供企业以及相关机构（如研发机构、检验检测机构、产业联盟和行业协会等）在较小的地理尺度上高度聚集而形成的空间组织形态。产业集群的配套水平、完善程度直接关系到一个国家和地区产业的创新能力和竞争力水平。某一行业中相关企业的高度聚集，有利于人员之间的交流和流动、知识和信息的流动和扩散、企业间在产品创新中强化合作，因此著名经济学家马歇尔形容产业集群"连空气中都有创新的味道"。产业链上下游企业的集聚还能降低交易成本、运输成本，有利于最终产品降低总成本、提高价格竞争力以及增强供应链对市场需求变化的响应速度。一个新的产品创意出现后，依托产业集群可以快速完成零部件采购、形成产品原型，并进入大规模生产阶段，在大规模生产过程中还可以依托集群的创新和产业资源，持续进行质量改进和成本降低。

随着数字技术发展带来的交流成本的下降，人与

人之间面对面交流的必要性降低，极大地降低了知识的扩散、思想的碰撞对于实体空间集聚的需要，出现了知识和信息的交流分享、数据乃至数字化的生产活动向虚拟化的"赛博空间"聚集即"虚拟集聚"的趋势。特别是对于数字经济来说，数据、代码、算法天然就具有虚拟集聚的特征，因此虚拟集聚表现得更为普遍，比如在软件、人工智能等领域普遍存在的开源社区。但是也要看到，人与人面对面的交流、高技术人才寻找就业机会等方面的需要，使得实体空间的聚集仍然非常重要，这也是许多互联网企业、软件企业仍然扎堆聚集的重要原因，但是在空间形态上与制造企业以产业园区聚集不同，数字经济的集聚更多呈现楼宇经济的特征。

厦门具有发达的ICT制造业，这些实体行业的产业集聚优势仍然非常明显，制造业要以厦门高新区等重点园区为依托，通过吸引更多企业聚集完善产业链，同时也要注意各个专业化园区形成特色、差异化竞争；软件和互联网服务等产业要以厦门软件园等为依托重点发展楼宇经济，争取在厦门形成具有全国竞争力ICT制造业集群和全国领先的软件名园。同时要通过积极发展平台经济、支持龙头企业建设开源社区等方式，强化厦门在数字经济虚拟集聚中的引领作用。

（八）以扩大开放为引领，畅通数字经济双循环

构建以国内大循环为主体、国内国际双循环相互促进的新发展格局，是适应我国发展新阶段要求、塑造国际合作和竞争新优势的必然选择，是事关全局的系统性、深层次变革，是立足当前、着眼长远的战略谋划，也是各产业、各地方发展的主要遵循。改革开放以来特别是加入 WTO 以来，我国通过打开国门、扩大对外贸易、吸引外资和深度融入全球生产网络，有力地带动了科技创新和产业发展水平的快速提高，也促进了我国在较短时期发展成为世界第一制造大国且制造能力不断增强。近年来，面对逆全球化回潮和大国博弈加剧的国际环境，我国产业基础能力偏低和产业链供应链现代化水平不足的弊端凸显，需要进一步强化国内循环和国内保障能力。但是也要看到，促进国内大循环和提高产业链供应链现代化水平，"绝不是关起门来封闭运行，而是通过发挥内需潜力，使国内市场和国际市场更好联通，以国内大循环吸引全球资源要素，更好利用国内国际两个市场两种资源，提高在全球配置资源能力，更好争取开放发展中的战略主动"。虽然我国数字经济在规模、科技创新、平台企业等方面都已居于世界前列，但是与美国相比仍然存在较大差距，且国内互联网用户已逼近天花板，需要寻

找新的市场发展空间。数字经济具有设施全球连接、要素全球流动等高度的全球化特征，更需要通过扩大开放参与国际大循环，利用全球范围内的资金、技术、人才和市场等资源。

对于厦门来说，一方面，要利用好国家赋予的制度创新空间，进一步扩大制度型开放，依托本地优良的营商环境、完整的产业体系、多元化的市场需求等优势进一步扩大利用外资的规模和水平，特别是吸引跨国公司、互联网平台企业、隐形冠军企业、高科技初创企业围绕科技创新、我国产业链供应链短板环节、数字服务等高科技和我国急需发展的环节和领域进行投资；另一方面，要全方位深化对外开放，更大范围和更高水平上利用国际资金、技术、人才和市场，积极通过跨境电商模式促进产品出口，扩大数实融合产品出口并基于互联网开展远程增值服务；支持本地企业在国外设立研发机构、开展跨国并购，整合利用国外领先的数字科技；积极参与国际数字治理规则的制定，支持本地数字科技企业进入国际市场特别是金砖国家和"一带一路"沿线国家市场。

第四章 厦门数字产业化的重点领域

近年来，在新一轮技术革命和产业变革推动下，以人工智能、区块链、元宇宙等为代表的数字产业化蓬勃发展。与传统产业相比，数字产业化发展前景广阔、前后带动作用强、产业赋能能力强，具有高成长性、战略性、先导性等显著特征。世界各国纷纷加速布局数字产业化，加大创新投入，抢抓发展先机。根据要素禀赋、产业基础和比较优势，结合当下数字产业化的发展趋势，厦门数字产业化的发展方向可以分为提升型、壮大型和培育型。

一 数字产业化的主要分类与厦门发展重点

近年来，在新一轮技术革命和产业变革推动下，以人工智能、区块链、元宇宙等为代表的数字产业化蓬勃发展。与传统产业相比，数字产业化发展前景广阔、前后带动作用强、产业赋能能力强，具有高成长性、战略性、先导性等显著特征。世界各国纷纷加速布局数字产业化，加大创新投入，抢抓发展先机。随着全球应对疫情、复苏经济的紧迫需求，促使不同领域、不同方向数字化应用加快普及，进一步带动了数字产业化的发展。

根据国家统计局公布的《数字经济及其核心产业统计分类（2021）》，数字产业化除了包括传统的计算机通信和其他电子设备制造业、电信广播电视和卫星传输服务，还包括近年来发展迅速的互联网和相关服务、软件和信息技术服务业。尤其是后两者在新一轮技术革命和产业变革推动下，不断创造出了数字产业化的新技术新业态新模式，并成为支撑我国新兴产业与未来产业发展的主力军。例如，当前人工智能、云计算、大数据等新技术已成为各地重点发展的新兴产业，而区块链、元宇宙、量子科技、仿真类脑科学也成为重点培育的未来产业。此外，以 NFT（非同质化通证）、数字游戏、互动娱乐、影视动漫、数字出版、网络影视、数字音乐、短视频分享、互联网直播、数字产品营销等为代表的数字内容产业也蓬勃兴起。这些新技术新业态新模式的出现，大大丰富了数字产业化的内涵与外延，也不断扩大其产业边界和社会影响力，推动数字产业化逐步成为国民经济的新增长点。

根据厦门现有产业发展基础和优势产业布局，结合市场需求、数据要素结构和新型基础设施的情况，厦门数字产业化有三个重点方向：一是提升型数字产业化。这主要包括厦门具有显著竞争优势的数字产业，如电子信息制造和软件与信息服务业。这些产业本来就是厦门具有较好发展条件、在国内和区域领先的产业部门。2021年，厦门电子信息制造产值达3300亿元，电子信息制造已成为厦门工业第一大产业。软件与信息服务业实现产值1400亿元，作为全国软件特色名城，厦门的中国软件百强、互联网百强企业数量居全国第五。因此，这些优势产业的主要发展目标是进一步升级提升。二是壮大型数字产业化。这主要包括厦门具有一定竞争优势的数字产业，如人工智能、数字设计和数字内容产业。这些产业是厦门具有一定资源和禀赋优势，已经具备了一些发展基础的产业部门，主要发展目标是进一步做大做强。三是培育型数字产业化。这主要包括厦门未来具有较大发展潜力的数字产业，如区块链、元宇宙等。这些产业是各个省市都在重点培育的未来产业，对抢占未来经济和产业制高点具有重要战略意义，因此厦门也有必要加强前瞻性培育，以此应对今后的城市和区域产业竞争。

二 提升型数字产业化发展重点

(一) 电子信息制造

当前,我国信息技术产业创新将进入新一轮加速期,云计算、大数据、物联网、人工智能等新一代信息技术将加快演进,电子信息产业领域的创新将由单点技术和单一产品的创新向多技术融合互动的系统化、集成化创新转变,硬件、软件、服务等核心技术体系将加速重构,新业态、新模式将快速涌现,为电子信息制造业发展带来新动能。厦门应把握新一代信息技术发展趋势,推动电子信息制造业转型升级,培育新兴产业,抢占未来发展制高点。

厦门市电子信息制造产业具有较好的发展基础,并已在多领域形成优势。目前基本形成以平板显示、计算机与通信设备、半导体和集成电路等为特色的新一代信息技术产业体系。平板显示产业持续强链、补链、延链,通过引入先进产业项目和促进存量企业提质增效,推动产业发展迭代升级。电子元器件品牌具备全球影响力,厦门是戴尔全球最大的生产基地,宏发继电器全球市场占有率第一,法拉薄膜电容器全球市场占有率位居前三,引入神州鲲泰生产基地、浪潮南方总部制造基地。集成电路和化合物半导体领域,紧抓国家产业发展窗口期，提前布局，进入国家集成电路规划布局重点城市，实现产业从"0"到"1"的突破。然而，与北京、上海、深圳等领先地区相比，厦门的电子信息制造产业存在附加值较低、技术含量不足，产业链不完整等诸多问题，有待加以解决。

1. 发展思路

紧抓当前全球及国内电子信息产业梯度转移以及厦门培育"三高"企业、发展"四新"经济的历史机遇，立足闽南金三角，积极主动探索与全球及国内电子信息产业领先地区的产业合作机制、创新合作模式，集中本地优势资源，持续加大招商引资力度，聚焦重大项目引进，快速做大产业规模，将厦门打造成为全球承接产业转移的示范标杆。把握电子信息技术向多领域广泛渗透的发展趋势，从消费升级、新基建、数字经济、智能制造、智慧城市等电子信息产业下游应用领域切入，立足需求牵引，积极发展智能终端、平板显示、智能传感、电子元器件、集成电路等领域，推动电子信息产业与传统产业融合发展，形成互促互进的良性格局。以云计算、大数据、人工智能等为重点推进电子信息制造业与服务业融合发展，培育新的业态和增长点。

2. 发展重点

大力提升新型平板显示产业。加快新型平板显示玻璃技术和装备等创新中心建设，攻克玻璃基板装备、光电显示膜材料等关键技术，推进产品国产化进程。整合行业优势创新资源，促进创新成果孵化转化。强化前沿技术研究，加快3D显示、激光显示、柔性显示、量子点显示、全息显示等新型显示技术研发布局。针对新型显示产业和技术需求，加强上游光学膜、偏光片、模组等关键环节布局；在已有环节引入企业形成良性竞争，发挥竞争机制做大产业链环节；支持配套企业的产业链延伸。瞄准厦门平板显示产业缺失环节，结合有源矩阵有机发光二极体（AMOLED）、次毫米发光二极管（Mini-LED）、微型发光二极管（Micro-LED）等新型显示产业布局需求，积极与日本、韩国目标环节厂商对接，实现补链、增链，加速打造厦门平板显示产业生态。

加快新兴技术与智能终端融合发展。依托厦门已有的柔性屏幕、传感器、芯片等零组件产业，鼓励智能可穿戴企业与泉州鞋服企业融合发展，重点发展智能可穿戴产品，引进相关品牌及代工厂商形成产业生态。在新兴技术与智能终端融合领域，依托瑞为、狄耐克、立林、罗普特、雅迅等企业，重点发展人脸识别、智能家居、智能安防、AR/VR设备、智慧停车、智能车载终端等产品，推动各类智能终端产品融合发展。加大对可穿戴设备、智能硬件等移动终端产业新兴业态的培养与招商引资力度，逐步完善本地移动终端产品新业态的生态系统。重点发展智能可穿戴设备下游终端及关键零部件配套，引进相关品牌及OEM代工厂商形成产业闭环，带动更多企业落户厦门以形成可穿戴设备完整产业链。重点发展与5G技术融合的智能家居、智能安防、智能车载电子等方向，通过技术合作、行业融合与市场整合，形成区域整体竞争力，实现移动终端产业转型升级与创新集聚发展。

打造国产电子元器件安全自主可控产业链。依托本地龙头供应链企业，发展电子元器件、零部件等产业链配套项目，打通产业链堵点，构建以戴尔等龙头企业为核心的产业生态。以浪潮南方总部制造基地、神州鲲泰生产基地为依托，引进和扶持计算机品牌商、代工企业与产业链配套企业，打造国产计算机与服务器领域安全自主可控产业链。依托三安光电砷化镓、氮化镓研发和生产基地、全磊光电光芯片等产业基础，以5G关键元器件、零部件及设备为核心，着重发展天线、滤波器、高频PCB、小基站、光芯片等关键核心、高附加值部件，构建完整的电子元器件产业链。紧抓5G发展带来的产业变革及商机，结合本地现有电子信息产业资源，打造良好的创新环境，在厦门建立国内主要的电子元器件产业集群及生态圈。

以设计业为龙头带动集成电路全产业链发展。瞄准5G、人工智能、云计算、智能硬件、智能网联汽车等方向，立足厦门"芯火"双创基地、创业园、软件园、海沧集成电路设计产业基地，围绕特色优势领域，对接厦门电子信息产业整机和终端需求，强化集成电路设计、软件开发、系统集成、内容与服务协同创新，广纳各家研发技术，融合发展，开发一批产业发展急需的核心芯片，推动厦门集成电路设计业处于全国领先地位，以设计业的快速增长带动集成电路制造业的发展。聚焦联芯、士兰、三安等龙头企业的特色制造工艺，大力发展模拟及数模混合电路、微机电系统（MEMS）、高压电路、射频微波电路等特色专用工艺生产线，缩小与国际技术的差距，形成具有国际竞争力的特色工艺制造基地。依托三安、瀚天天成、芯光润泽等化合物半导体生产研发企业，集聚国内化合物半导体代工制造，形成以厦门为中心的化合物半导体产业基地。

（二）软件与信息服务业

近年来，我国软件与信息服务业规模效益快速增长，产业结构持续优化，软件与信息服务业创新体系更加完善，创新成果不断涌现。厦门软件与信息服务业一直在国内占据重要位置，稳居海峡西岸经济区首位。2021年，软件与信息服务业产值超千亿元，在动漫游戏、健康医疗、信息安全和人工智能等领域已具备相当优势。厦门市获授"中国软件特色名城",厦门软件园在国家新型工业化产业示范基地发展质量评价中获评"五星级",成为福建省首个5G产业园区。尽管厦门软件与信息服务业取得了长足进步,但仍存在一些短板和不足。具有绝对行业引领能力的龙头企业不足,现有骨干企业多处于"单点发展"状态,对细分领域的生态整合能力不如华为、腾讯、阿里巴巴等综合型龙头企业,较难带动本地大量的中小微企业形成规模集群。

1. **发展思路**

推动软件与信息服务业与经济社会各领域的深度融合发展,进一步提升软件与制造业、服务业融合发展水平,面向工业软件、重点行业应用软件等领域的场景需求,开展关键软件研发项目攻关,打造若干个厦门特色品牌。产品通过"软件定义"加快赋能本地传统优势产业转型升级、助力实现政府现代化治理,不断加强产业供需对接,全面加速创新成果的应用转化。积极引导开放行业场景,统筹推进重大应用,以典型应用带动产品研发和市场拓展,持续提升软件应用效能。贯彻"市场为主、政府为辅"原则,持续强化企业创新主体地位,扎实推进制度创新和模式创新。加大资源整合与创新投入,发挥社会资本对软件产业创新发展的帮扶作用，最大限度激发产业创新活力。

2. 发展重点

提升基础软件的核心竞争力。进一步加强厦门在操作系统、分布式数据库和中间件等领域的研发投入力度。聚焦指令集、新型计算架构、内核架构、多核CPU调度、并行处理、虚拟化、异构加速、人机交互、应用调度、数据模型、分布式等关键技术，提升基础软件的产品力。以开源开放汇聚创新资源，面向云计算、物联网、智能网络企业、智能控制与决策等新终端、新计算场景，提升新型操作系统、分布式数据库、图数据库、实时数据库、机器学习框架、通用算法簇等新兴基础软件供给能力。加快基础软件在金融、能源、电力、交通等重点行业的规模化推广应用，不断完善基础软件产业链生态。

继续巩固应用软件的优势地位。在航天、航空、船舶、半导体、交通、建筑、医疗、文化等领域推广优秀信创软件解决方案。开展优秀信创软件解决方案评选活动，在相关行业定向推广，鼓励行业协会、公共服务平台等第三方机构，搭建行业软件产品供需对接会，不定期组织开展项目路演、宣传推广会、技术研讨会，提高信创行业软件的市场认可度和占有率。聚焦云原生、云中台、多源异构数据处理、大规模并行数据库、机器学习、深度学习、决策辅助、隐私计算、商用密码等前沿技术攻关。支持低代码、小程序、轻应用等轻量化平台软件融合发展与规模化应用推广。

壮大网络安全产业保障能力。发挥密码技术产业优势，加快在密码算法、密码协议、专用芯片等领域的产品研发；推进 CPU 芯片、操作系统、中间件、安全软件等基础软硬件产品研发、生产及适配工作；推动资产识别、漏洞挖掘、边界防护、入侵检测、数据保护、反欺诈、追踪溯源等网络安全产品创新升级。倡导"安全即服务"理念，推动网络安全从产品向服务供给转型。服务模式创新，针对网络安全专业性强、技术演进快的特点，支持"大带小组团服务""安全集成服务"等。服务内容创新，聚焦网络安全专业增值服务、一体化运营服务、高端定制化服务等。推广机制创新，培育面向网络安全领域的商业保险技术、产品、管理、服务创新能力，构建覆盖多层面、全生命周期的网络安全保险补偿机制。

三 壮大型数字产业化发展重点

（一）人工智能

人工智能是国家战略部署重点发展的三大先导产业之一，是新一轮科技革命和产业变革的重要驱动力量。据工信部电信研究院估计，2021 年，我国人工智能核心产业规模已达到 2008 亿元，同比增长 32.8%，带动产业规模达 5726 亿元。预计至 2025 年，人工智能核心产业规模将达到 4533 亿元，带动产业规模 16648 亿元。根据产业链上下游关系，可将人工智能覆盖范围划分为上游基础层、中游技术层和下游应用层。上游基础层和中游技术层共同构建了人工智能的载体，为其在下游不同场景的应用解决了理论和技术障碍。基础层提供了人工智能的硬件和理论支撑，主要包括芯片、传感器以及算法模型，一方面通过人工智能芯片、传感器提供计算能力，另一方面建立深度学习算法，提供人工智能的理论基础。技术层则是基于基础层的硬件和理论架构，以模拟人类智能特征为出发点，设计出对应实践应用的通用方法，如计算机视觉技术、智能语音技术、自然语言处理等。基于深度学习算法，这些方法通过收集不同场景下的大数据，可真实对应大脑的某类功能，形成特定的技术处理方案。应用层则是基于技术层的方案，将技术应用到具体行业，解决现实生活中所面临的各类问题，如利用计算机视觉技术实现安防行业的人脸识别，利用自然语言处理技术实现智能客服问题，利用智能语音技术实现语言识别、语音操控、智能翻译等。在实际应用中，技术层和应用层相互融合，不同技术层的方法可支撑同一场景下的实践，如当前金融业已同时使用计算机视觉技术、智能语音技术、自然语言处理等多项人工智能解决方案。

近年来，厦门市人工智能产业发展迅速，基础层、技术层、应用层产业链均有涉猎，涌现出了以美亚柏科、美图、美柚等为代表的一批新兴企业。然而，与北京、上海、深圳等领先地区相比，也存在龙头公司偏少、技术实力不突出、市场影响力偏低等问题。

1. 发展思路

发挥厦门作为沿海经济中心城市和改革开放的前沿阵地优势，抢抓人工智能推动新一轮科技革命和产业变革的战略机遇，持续打造更加活跃的创新集群，加快引领产业变革的原创性突破。加强与全球各地、领军企业、顶尖研究机构间的交流与合作，融入全球创新网络，推进创新平台、数据资源、应用场景开放，在学术交流、信息共享、成果转化等方面，形成优势互补、互利共赢的合作新格局。持续打造更加泛在的超级场景，充分利用厦门国内对外开放高地的广阔场景，推动更大规模的融合应用，推动人工智能赋能千行百业。

2. 发展重点

加强人工智能前沿基础研究与算法创新。把握人工智能理论前沿方向。面向人工智能数学基础等前沿领域，鼓励厦门相关高校和科研机构加大投入攻关，力争形成一批引领性理论成果，为人工智能持续发展与深度应用提供强大科学储备。深化人工智能通用技术突破。面向自然语言处理、计算机视觉、语音识别等通用技术，支持相关科研机构和企业加快研发。建设先进算法模型，相关测试性能达到国际领先水平。支持对各类算法模型进行深度优化，适配实际应用需求。构建算法转化与应用生态。强化基础算法模型的落地能力，推进面向行业的各类应用算法研发，形成一批具有示范推广效应的算法产品。加快推动 AIGC（人工智能生成内容）产业发展，推动立足于传媒、影视、娱乐、教育、医疗等产业发展需求的成熟 AIGC 创新应用。

重点发展基础硬件、关键软件等人工智能核心产业。强化智能传感关键技术。推动嵌入式智能压力传感器、加速度传感器、毫米波智能传感器研发与产业化，形成高性能、高适应性的雷达与视觉融合系统，打造智能感知产业体系。面向市场前景广阔的新型生物、医学、汽车及交通、家电、电子装备、农业等领域，加快技术革新，推动工业传感器、无线医疗传感器、车载传感器、激光雷达、毫米波雷达、智能水质传感器等人工智能基础硬件应用。加快开发人工智能系统软件。开发具备大规模并行分析、分布式内存计算、轻量级容器管理等功能的人工智能算力系统。开发推广自动机器学习系统，进一步提升系统效率、通用性和易用性，加速实现人工智能普惠。建设云计算服务平台，为企业开发人工智能技术提供一站式生态化服务。开发面向智能机器人、智能装备等产品的操作系统，促进各类应用功能开发。

推广人工智能在城市数字化转型过程中的场景应用。加快基础民生智慧普及，聚焦市民的健康安居、教育就业等需求，推进智能医疗创新突破，普及发展智能教育，合理布设社区智能安防、智慧康养等终端设施，推动社区服务智能升级，提升精细、准确、及时的基本民生服务体验。推进高质量民生智慧共享，聚焦市民的精神文化、娱乐购物和交通出行等需求，打造智能文娱创新业态，推动 AI+VR/AR 等技术在旅游、会展等领域的应用，丰富智慧便捷出行服务，加快智慧零售终端、智能末端配送设施等建设，提升高品质、个性化的民生体验。

（二）数字设计

数字设计产业主要涵盖工业软件、应用软件、开源平台等领域，是近年来数字经济发展的新兴领域。数字设计赋予了企业新型能力，航空航天、汽车、重大装备、钢铁、石化等行业企业纷纷加快软件化转型，设计软件能力已成为工业企业的核心竞争力。数字设计赋予基础设施新的能力和灵活性，成为生产方式升级、生产关系变革、新兴产业发展的重要引擎。

在数字设计产业，随着两化深度融合发展与"数字厦门"建设的持续推进，厦门涌现出了美亚柏科、亿联网络、易联众、网宿科技、智业软件等多家行业领先的数字设计解决方案提供商，但也存在发展思路不清晰、同质化竞争、创新程度不高等问题，数字设计产品、技术对经济社会发展支撑带动作用仍未充分发挥出来，制造业企业通过软件技术推动转型升级的动力不足，有待加以改善调整。

1. 发展思路

坚持创新驱动发展，加强产业基础研究，推进厦门数字设计产业核心技术、关键产品、集成应用等体系化创新。强化软件价值导向，推动产业链、创新链、价值链协同发展。坚持需求牵引、问题导向，集聚优势资源，培育一批数字设计标志性产品和领军企业。深入推进创新协同、软硬协同、产用协同、企业协同、区域协同，打造合作共赢的产业体系。促进数字设计与产业融合发展，加快新技术、新模式、新业态推广应用，着力建链补链、强链延链，形成数字设计产业核心竞争力。坚持应用需求和应用实效导向，积极推行试点示范，以示范应用带动数字设计产业高质量发展。

2. 发展重点

积极发展数字创意设计。利用人工智能、大数据等新技术改进传统工业设计，创新工业设计思维。引导软件信息企业与实体企业联合创建数字设计研发平台，制定行业标准，提升核心技术和关键环节的原始创新能力。对于服装鞋帽、家具家装等传统产业，利用新型数字平台和软件赋能传统设计，提升创意品味和设计效率。对于工艺美术品、珠宝首饰等高附加值产业，借助最新的虚拟现实和数字交互技术，提升产品的装饰和穿戴效果。着力扩大数字设计在数字建筑、数字景观、数字社区、智慧城市等领域中的应用场景。

大力发展工业数字软件和设计平台。依托厦门市良好的工业基础与制造业优势，围绕汽车电子、轨道交通、建筑测绘等领域，重点突破计算机辅助设计（CAD）、计算机辅助工程（CAE）、计算机辅助制造（CAM）、计算机辅助公差设计（CAT）、建筑信息模型（BIM）、产品数据管理（PDM）等工业数字设计软件，力争在1—2个细分领域形成竞争优势。同时，前瞻布局新兴数字设计平台。聚焦数字基础好、带动效应强的重点行业，打造行业特色型数字设计平台和技术专业型数字设计平台，推动前沿技术与工业机理模型融合创新，开发和推广平台化、组件化的数字设计行业系统解决方案。支持平台型产业、平台型企业发展，着力发展轻量化移动互联网设计平台，培育平台软件服务新业态新模式。

（三）数字内容

数字内容产业主要包括数字创意技术和设备、内容制作、设计服务、融合服务四大业态，呈现技术更迭快、生产数字化、传播网络化、消费个性化、产业市场化、内容规范化等特点。近年来，随着互联网和数字技术的广泛普及，以动漫游戏、网络文学、网络音乐、网络视频等数字内容为主的新兴业态迅速发展，成为大众文化消费的主要模式。同时，"互联网+"推动传统文化内容与电影、动漫、游戏等产品联动形成"粉丝效应"，通过互联网众筹等新模式，进一步开发相关衍生产品，延伸了数字内容服务的产业链条，推动传统文化产业脱胎换骨，继续创造广受欢迎的新产品。由此可见，数字内容服务产业所引领的数字化变革会成为未来一段时期内不可逆的产业发展趋势，特别是随着5G商用牌照的发放，新一代信息技术将会推动文化产业领域内数字化方向的发展速度。

厦门数字内容产业规模和发展水平全国领先，游戏、动漫、电竞、数字音乐居全国前列，直播、短视频等新业态发展迅猛，数字技术加速渗透，国际化程度不断提高。目前，已经初步形成覆盖创作生产、传播运营、消费服务、衍生品制造等各环节的产业链，在不少细分领域建立起领先优势，然而，厦门也存在原创生态有待完善，内容原创能力不足，缺乏具有国际影响力的优质原创品牌和精品知识财产（IP）等问题。

1. 发展思路

以数字技术为核心驱动力，以高端化、专业化、国际化为主攻方向，巩固提升优势产业，提速发展新业态，打造全球数字内容产业发展高地。推动电竞、直播、短视频等新业态蓬勃发展，数字创意与制造、文化、教育、旅游等产业加速融合、相互赋能，形成新经济增长点。培育一批具有全球竞争力的数字创意头部企业和游戏、动漫发行运营平台企业，扶持一批具有示范带动作用的头部直播机构，有效补强IP运营、内容原创等产业链薄弱环节。建成市级优质IP项目库，培育一批优质数字内容原创作品和精品IP。

2. 发展重点

提升游戏、动漫等数字娱乐原创水平。坚持内容为王原则，加大原创保护支持力度，增强运营变现能力，巩固移动游戏、客户端游戏、低幼动漫、游戏游艺设备制造等产业发展优势。大力开发推广具有教育、益智功能的游戏动漫产品，强化社会责任建设，加强内容审核把关，提升游戏动漫产业社会效益。鼓励游戏玩法创新和运营创新，优化游戏互动体验，大力发展超休闲游戏、功能性游戏，释放更大商业化价值。加快布局云游戏市场，打造云游戏平台与生态，抢占发展先机。重点培育国产动漫，发展全年龄向动漫产品，深耕细分领域，拓宽动漫产品受众，促进视频平台与动漫产业链深度融合。

实施数字影视音乐精品创作计划。增强头部内容生产力，面向全球征集优秀影视剧本，将中华优秀传统文化等题材作为创作策划重点，对题材新颖、有创意的影视剧 IP 进行重点孵化。鼓励科幻影视创新发展，将科幻类电影打造成为电影高质量发展的重要增长点和新动能。大力发展电影后期制作产业，探索制定高新技术格式电影标准化摄制技术与工艺流程，推进高新技术格式实践运用，充分应用传统摄制、虚拟摄制、云端制作、智能制作以及计算机动画等多元化电影摄制技术手段，推动建立电影后期制作共享技术体系。支持院线打造多维度场景化社交平台，优化消费体验，开展精品化差异化运营，满足"网生代"电影观众的社交观影需求。探索建设国际化数字音乐产业基地，鼓励具备科技创新能力的音乐或视听企业聚集发展，打造数字音乐产业发展核心区。支持音乐产品生产消费与网络社交、互动视频、虚拟现实等现代信息技术深度融合，大力开发新兴的数字音乐产品服务。支持音乐企业与硬件设备制造商深度合作，加快音乐类可穿戴设备的研发制造。加快建设辐射全国的数字音乐研发生产平台和网络传播等流媒体音乐服务平台。

推动电竞、直播、短视频等内容平台创新发展。坚持"大电竞"发展思路，实施"电竞+"战略，加快电竞产业融合创新发展，打造较为完善的电竞产业生态。支持直播、短视频平台企业发展壮大，聚焦电商、扶贫、应急、健康、教育、生活等领域，依靠技术创新推动产品创新、模式创新和业态创新。推动网络文学、影音、资讯等数字内容精品化发展，提升数字内容原创水平和产品质量。支持利用原创网络文学、影音、4K/8K视频创作大赛等形式展播优质数字内容作品。支持音乐企业与知名短视频平台合作，运用"音乐+科技"模式打破传统消费场景和市场壁垒，推动音乐产业技术进步、融合创新、业态升级。

四 培育型数字产业化发展重点

（一）区块链

区块链是一种去中心化的、由各节点参与的分布式数据库系统。区块链可以理解为一种公共记账的机制（技术方案），它并不是一款具体的产品。其基本思想是：通过建立一组互联网上的公共账本，由网络中所有的用户共同在账本上记账与核账，来保证信息的真实性和不可篡改性。而之所以名字叫"区块链"，是因为其使用一串密码学方法相关联产生的数据块，每一个数据块中包含过去一段时间内所有交易信息，用于验证其信息的有效性并产生下一个区块。完备可追溯、去中心化和去信用化是区块链技术的三大特点，这让其在金融业中的应用潜力巨大，并成为金融科技（Fintech）的核心技术（渠慎宁，2020）。随着以比特币为代表的虚拟加密货币市场的火热，区块链技术引起了各界高度关注。习近平总书记在中央政治局第十八次集体学习时强调，"我国在区块链领域拥有良好基础，要加快推动区块链技术和产业创新发展"[①]。目前，全球主要国家都在加快布局区块链技术发展，区块链技术应用已延伸到数字金融、物联网、智能制造、供应链管理、数字资产交易等多个领域。

厦门信息产业发达，互联网基础设施完善，具备发展区块链技术产业的基础和潜力。厦门已成立厦门大学区块链研究中心及厦门市区块链协会等机构，初

[①]《习近平在中央政治局第十八次集体学习时强调把区块链作为核心技术自主创新重要突破口　加快推动区块链技术和产业创新发展》，《人民日报》2019年10月26日第1版。

步搭建了区块链产业发展的平台。厦门区块链技术代表性企业包括本能管家、触信智能科技、泰链科技、智慧谷物联科技、快商通、顺势共识信息科技等企业，其主要业务涉及金融、商业、办公等方面的数字数据保密或安全处理及传输等。尽管厦门区块链技术创新在全国占有一席之地，但起步较晚，科研基础薄弱，产业尚未形成聚集，有待加强发展。

1. 发展思路

深入贯彻落实习近平总书记关于区块链的讲话精神，紧扣中央、自治区党委、政府关于数字经济发展相关政策要求，统筹区块链基础研究、技术集成、市场培育、应用部署、产业发展、人才培养等环节，以系统化布局、整体性思路促进厦门区块链全面协调可持续健康发展。利用区块链开放透明、不可篡改、对等互联、易于追溯等特征，深度挖掘身份认证、数据存证、追踪溯源、价值交易四大通用场景，牢牢将应用服务、特色场景设计作为厦门发展区块链的牛鼻子，全力构建数字厦门建设新业态。

2. 发展重点

率先布局 NFT 非同质化通证等新兴领域。利用区块链技术不可更改、可溯源的特性，促进 NFT 版权保护、交易等数字内容服务。大力发展 NFT 数字艺术产业，发挥 NFT 高互动性、高应用性、高融合性的特点，拓展数字艺术展示应用场景和市场空间。按照 NFT 艺术品行业的交易、拍卖等国际通行规则，搭建线上 NFT 艺术品交易平台。鼓励文化文物单位运用馆藏文化资源，开发 NFT 数字艺术展示项目，支持文物 NFT 产业化及应用。充分发挥 NFT 对数字内容创作、产品研发、模式创新的深度渗透和核心支撑作用，积极探索 NFT 技术拓展应用到工业、交通、教育等内容领域。利用大数据、人工智能技术的计算分析能力，高效赋能 NFT 资讯分发、内容创作、视频传输、融媒体视频运营等产业环节。顺应沉浸体验、智能交互、软硬件结合等新趋势，加快发展 NFT 数字创意设备。结合国家文化大数据体系建设，建设省级优质 IP 的 NFT 项目库，培育一批原创品牌项目、团队和企业。

推动区块链与实体经济融合发展。作为一个底层技术，区块链在金融、物流、医疗等生产性服务业中的应用前景非常广阔。区块链不仅可发挥其技术优势带动实体经济提高效率降低成本，也可依托厦门庞大的实体经济市场需求促进区块链产业发展壮大。可引导软件和信息技术服务业，重视区块链技术在工艺、物流、医疗等领域数据存储、管理、使用方式的优化重构作用，通过加强技术储备、加大研发投入，加快推动形成工业、物流、医疗等行业所需应用的解决方案。在此基础上，加快区块链在工业、物流、医疗等行业的试点应用，面向基础条件好、示范应用强的行业方向，加速形成以点带面、点面结合的示范推广效应，鼓励政府部门、企事业单位作为区块链的主要节点参与网络运营，发挥"干中学、学中做"的精神，积极积累一线实战经验，以此推动区块链技术和实体经济的融合发展。

扩大区块链在数字金融、跨境贸易等领域的场景应用。利用区块链技术和智能合约技术，建设分布式银行间清算、结算的金融交易平台，向金融机构提供快速、低成本的跨境实时支付清算服务，降低金融机构的合规操作监控及对账成本。利用区块链创新绿色金融技术手段。区块链可为绿色基础设施搭建一个去中心化的融资平台，该平台与当前大多数投资平台类似，但资产标的为可再生能源发电站、自行车道、无土栽培和养耕共生等绿色基础设施。利用区块链透明、快速交割、安全等特点，降低小微融资成本，从广域范围内吸引更多的投资者参与。依托区块链创新跨境物流贸易平台。通过开发开放性区块链物流平台，可在消耗同样配送资源的情况下配送更多的客户货物。与传统数据库平台相比，区块链平台保证了不同群体之间数据和订单的真实性、透明性和安全性，使得物流公司不仅可掌控自身数据，还能分析其他合作商和竞争对手的信息。

专栏 4-1

NFT 产业

NFT（非同质化通证）是唯一且不可互换的数据单元，可以表示相关数字资产（例如图像、音乐或视频）的所有权，因此成为一种数字所有权证书。随着数字经济的快速发展及数字商品的不断丰富，NFT 产业近年来发展势头迅猛。据估计，2021 年全球 NFT 市场规模超过 400 亿美元，用户体量和市场供给量均在百万级以上，已被视为数字内容的未来业态，且成为欧美发达国家重点推动发展的未来产业之一（渠慎宁，2023）。

随着 NFT 技术的不断发展，其独特的去中心化、资产加密和不可篡改的特征可逐步应用于新的场景之中，用于代表更广泛的数字和实体商品所有权。甚至有人提出，理论上"万物皆可 NFT"。目前，NFT 已在元宇宙、Web3.0、数字娱乐、数字艺术、数字时尚、数字游戏、数字出版、数字音乐、网络视频等未来产业和新兴业态领域得到广泛应用。尤其是在 2021 年，数字视觉艺术家 Beeple 的一幅 NFT 数字艺术品《每一天：前 5000 天》（*Everyday: The First 5000 days*）在纽约佳士得拍卖行以 6930 万美元成交，刷新了数码艺术品拍卖纪录。这充分显示出 NFT 商品价值已经得到了市场的高度认可。受此推动，NFT 的主要交易平台 OpenSea 市场估值已达到 133 亿美元，成为平台经济中的新巨头。然而，NFT 产业由于业态较为新颖，仍在不断成熟和推广过程中，还有很多可开发的应用领域，需要解决资产风险、所有权合法性以及非法交易等问题，有待未来监管政策的完善和市场秩序的规范。

（二）元宇宙

元宇宙是指由虚拟现实、三维技术、人工智能等技术支持实现的虚拟网络世界，目前已普遍被业界视为互联网的下一个重要篇章。为了迎接元宇宙这一风口，2021 年 10 月底全球市值排名世界第六的互联网巨头 Facebook 正式宣布更名为 "Meta"，以此来反映 "Metaverse"（元宇宙）带来的新增长机会，并将于 2022 年在元宇宙领域投资 1000 亿美元。Facebook "all in 元宇宙" 的大动作充分展示出元宇宙的重要性。元宇宙未来的应用领域涵盖了社交、娱乐、游戏、健身、工作、教育和商业等诸多部门，彻底覆盖人们日常生活的方方面面。通过构建社交技术的革命性发展，可创造全新的生态系统，帮助人们建立联系、发展业务。现实世界里的所有事物都可以投射在虚拟世界之中，现实世界里的商业机会能在虚拟世界里再次实现，甚至边界和规模比现实世界更大。事实上，2020 年暴发的新冠疫情已让发布会、毕业典礼等许多真实场景被搬到虚拟世界中，这不仅加速了人类社会数字化迁徙的速度，也加速了元宇宙时代的到来。

2021年后，我国各个城市在元宇宙领域的角力与较量已悄然展开，上海、合肥、武汉等各地政府皆宣布以不同的方式，切入元宇宙赛道。厦门也于2022年发布了《厦门市元宇宙产业发展三年行动计划（2022—2024年）》（以下简称《行动计划》），正式宣告布局元宇宙。目前元宇宙仍处于行业发展的初级阶段，无论是底层技术还是应用场景，与未来的成熟形态相比仍有较大差距，但这也意味着元宇宙相关产业可拓展的空间巨大。厦门与其他城市之间的差距并不大，若善加布局，可在产业起跑中占据优势。

1. 发展思路

立足厦门实际，抢抓数字经济和元宇宙发展新机遇，打造元宇宙先导试验区和生态产业园，构建元宇宙治理与产业发展体系，着力开发一批特色应用场景、打造一批高端研发机构、培育一批优质企业、培养一批创新人才、组建一个产业联盟、制定一批行业标准，打造数字经济新优势。力争在工业、交通、文旅、商贸、教育、医疗、会展、政务等领域，构建形式多样的元宇宙新模式新服务新业态，元宇宙技术研发和应用推广取得明显进展。基本建成元宇宙产业创新生态体系，高端研发机构、专精特新"小巨人"企业高度集聚，元宇宙产业集群化发展效果显现。

2. 发展重点

推进元宇宙关键技术攻关。依托厦门大学、华侨大学等高校及各类科研平台，加快新型显示设备技术攻关与研发，丰富4K/8K新型显示内容供给，加强VR/AR新型交互方式推广应用，打造线上与线下融合、虚拟与真实交互的泛在化的万物显示体验方式。面向市场需求，围绕信息娱乐、运动健身、医疗健康等应用领域，研发具有规模商业应用的超高清液晶电视、超高清医疗显示器、车载显示终端、智能可穿戴设备，推动智能终端产品功能和形态向多样化拓展，提升产品创新能力。开展超高清视频实时转播试验等创新应用，面向城市治理、智能制造等开展应用示范。推动5G技术、VR/AR技术在行业领域的融合应用，开发具有实用性、新颖性的VR/AR创新产品，提供实时沉浸式云VR/AR+互动业务体验。

创新元宇宙应用生态。率先在政务、民生等领域，逐步试点数字孪生场景，为元宇宙的普及打下基础。推进VR全景虚拟政务系统建设，构建集查询、申报、评价、展示等多功能一体的网上虚拟政府服务大厅。依托大数据、人工智能技术构建业务办理智能知识库，根据用户画像和政务服务应用的属性特征，智能审批或主动推送用户需要办理的所有事项与服务，实现政务服务智能化、自助化、无人化、远程化，构建政务服务"智能审批、无人审批"新模式。打造智能互联的未来社区形态，创新应用场景，充分利用元宇宙所涵盖的物联网、互联网、大数据、人工智能等新技术集成应用，将智能楼宇、智能家居、电子商务、智慧养老等诸多领域相互链接，形成基于海量信息和智能优化处理的新生活、新产业发展、新社会管理模式，面向未来构建全新的社区形态。

第五章　厦门产业数字化的重点领域

产业数字化是指在新一代数字科技支撑和引领下,以数据为关键要素,以价值释放为核心,以数据赋能为主线,对产业链上下游数字化升级、转型和再造的过程。厦门产业数字化的重点包括文旅业、制造业、海洋经济的数字化做强;金融业、贸易业、建筑业的数字化做优;港口业、商业的数字化做精。

一　产业数字化的一般规律和厦门发展重点

每一次工业革命和技术浪潮中,新使能技术的出现和普及总会推动产业向更高能级的转型升级。在工业化的历史中,熟铁工艺、钢铁工艺的成熟和普及,电力的出现和普及,通信技术的发明和通信网络的完善都在所有产业掀起"产业某化"的浪潮，所有传统产业都因为新使能技术的使用，不仅明确转型方向还加快升级速度。同时，新的产业被孕育，其中一些替代传统产业成为新的支柱产业和主导产业。当前，数字经济成为新科技革命和产业变革中最强劲的增长板块，数字技术除了内生形成新兴产业部门（即数字产业化），也不断扩大其外延，和历史上的炼钢技术、电力技术、通信技术一样对所有产业发展产生颠覆性影响，"产业数字化"可以理解为新一代数字科技推动下的产业链上下游数字化升级、转型和再造的过程和现象。

当然，即便数字技术的发展速度远超历史上的其他技术，但新技术的成熟和普及仍然不是一蹴而就的，产业数字化也将是一个循序渐进、逐步实现的过程。根据以往使能技术应用普及的历史，以及数字经济自身发展的情况，产业数字化大致可以分为三个阶段：产品和服务的数字化、企业的数字化、产业的数字化（见图5-1）。

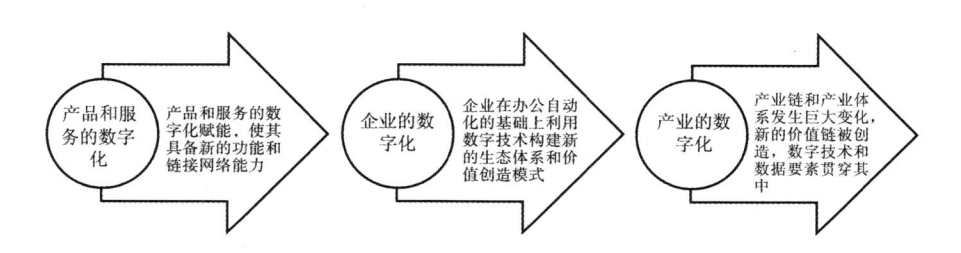

图5-1 产业数字化的三个发展阶段

产业数字化的第一个阶段是产品和服务的数字化。利用新的数字技术、运用新的数字手段，可以为传统的制造产品和服务进行数字化赋能，从而创造新的功能和增进消费体验，或者创造出新的产品和服务满足新的需求。当前，很多"互联网+""数字+""智能+"其实主要形式是产品和服务的数字化，例如数字医疗、智能家电等。需要指出的是，随着数字技术的进步，特别是新技术领域、技术路线的出现，以及数字技术与其他技术的融合不断加深，产品和服务的数字化也是不断迭代的，例如2000—2010年的产业数字化主要还是借助有线互联的网络，而2010年之后的产业数字化更多依托了移动互联网。虽然产品和服务的数字化是"产业数字化"的较早发展阶段，但正因为为产品和服务赋予了新的数字化功能和接口，才使得新数字技术对产业的影响从概念转变为实实在在的经济价值。

2000年以后，我国工程机械行业多家领军企业都开始在传统工程机械产品上安装定位、监测传输等设备，实现了产品的数字化升级，使得产品业主、售后维修等通过授权能够实时监测到工程机械的位置和工况信息，解决了当时工程机械产品使用的两大难题：业主无法掌握产品实际使用情况、售后部门无法对产品故障提前预警和快速维修。经过多年的运营，徐工、

三一、中联、厦工等企业不仅不断为客户升级基于数字技术的远程运维监管服务，还形成了工程大数据库，在经济预测、紧急救援等方面发挥积极作用。

在产业数字化第一阶段发展的基础上，企业开始推进数字化的转型，这是产业数字化的第二个阶段。从20世纪90年代开始，发达国家和主要发展中国家开始了企业信息化，到目前，全球大多数企业都已经实现了办公自动化，采购、销售、财务、人力资源都实现了不同程度的信息化。与20世纪90年代的信息化比较，当前的企业数字化升级表现出几大特征：一是数字化对企业价值链的影响程度远远大于90年代的信息化，甚至会重构企业价值创造和盈利模式；二是数字技术应用成为企业最重要的转型升级任务和方向，90年代的信息化只是在一些企业某些经营管理中提高效率，而当前的数字化转型是对企业所有板块和全部流程的彻底改造；三是数据规模指数级增长，成为重要的企业资源，在一些行业，数据已经成为决定企业竞争力的最重要因素；在企业数字化浪潮中，一些新企业抓住机遇，以数字技术为基础、以数字思想为理念构建与传统企业完全不同的组织框架，全新的发展思路和企业愿景更适合数字经济发展时代的要求，创造了增长奇迹。例如，成立于2010年的北京小米科技有限责任公司通过构建基于互联网的生态体系，大幅度提高到了技术研发成果的产业化速度和降低产品制造营销成本，从最初的智能手机研发制造发展到目前庞大的产品和服务体系，智能手机出货量也位居全球第二，短短十余年发展时间进入全球500强行列（2022年排名第266位），并且是500强榜单中进步最快的互联网和零售企业。小米和其他一些新兴企业的成功在一定程度上证明了，具有数字化基因的企业较传统企业更适应新的发展环境和市场需求。

最后，产业链价值链发生重大重构，整个产业体系脱胎换骨，这是产业数字化的第三个阶段。电子商务、共享出行等新兴产业和业态在出现之初就具备数字化的特征，但换个角度看，电子商务、共享出行其实是对传统批发零售业、交通运输业的部分替代，可以看作是这些传统产业非线性的数字化转型结果。目前，成熟数字化产业和业态出现的一个基本路径是互联网产业利用数据和信息化优势介入传统产业领域，以全新的模式替代传统产业，满足已有需求或创造并满足新的需求。与电子商务、共享出行等比较，大多数产业的数字化转型还是线性和缓慢的，特别是在第二产业领域，无论是互联网等信息化产业还是制造业自身，其数字化转型的具体路径、商业模式等都不成熟，还处于探索阶段。

总体上看，我国产品和服务的数字化升级已经非常普遍，企业的数字化转型正在加速推进，产业的数字化还处于探索阶段。与其他国家比较，我国在三个层次上的产业数字化都有领先优势且极具特色，在新科技革命和产业变革中，我国的产业数字化转型基本上摆脱了跟随发达国家模仿学习的路径依赖，在很多方面做到了与发达国家齐头并进。对于一个地区或城市而言，是可以在三个层次同时推进产业数字化的，产业数字化的程度和效果受基础条件的制约，这些基础条件主要包括产业发展水平、本地和辐射市场需求规模、本地产业数据要素的规模和质量、本地数字基础设施的完善程度。

根据厦门现有产业发展基础和优势产业布局，结合市场需求、数据要素结构和数字化基础设施的情况，厦门产业数字化有三个重点方向：一是具有很大产业规模和显著优势产业的数字化做强，包括数字文旅、智能制造和智慧海洋，这些产业本来就是厦门发展势头较好、在国内和区域领先的产业部门，具备很好的数字化转型基础和条件，其数字化转型也能够为厦门其他产业的数字化探索路径和树立标杆，同时成为国内领先的产业数字化模板。二是一批具有较好发展基础产业的数字化做优，包括数字金融、数字贸易和智能建造，这些行业规模相对较小，但发展水平较高，是厦门产业数字化高质量发展的代表。三是一批极具厦门特色产业的数字化做精，包括数字港口和数字商业，这些产业本身就是厦门因特殊区位、地理位置和气候条件发展起来的特色产业，能够形成产业数字化的亮点。

二 "做强型"产业数字化发展重点

（一）数字文旅

数字文旅是指以使用数字化的知识和信息作为关键生产要素、以现代信息网络作为重要载体、以信息通信技术的有效使用作为效率提升、质量提升和结构优化的重要推动力的一系列文化旅游经济活动。区别于传统文旅，数字文旅具有资源无限、时空无界、数据驱动、身份多元等新特性，为文旅产业带来"六新"[①]发展模式，打开了全新的文旅产业发展图景。一些国家的旅游景区，不仅借助数字技术将景点或展品放到网上，而且加强了景区自身的数字化建设，为游客提供更为丰富的互动体验和智能化服务。例如，埃及金字塔、意大利圣母百花大教堂开辟了数字虚拟游览项目，德国旅游小镇赫伦贝格、我国的龙门石窟实现了"数字孪生"。不仅如此，法国著名旅游地标巴黎

---

① 新业态、新产品、新技术、新商业模式、新IP与新媒体。

圣母院在遭受火灾之后，以巴黎圣母院作为背景的电子游戏"刺客信条"为其修复工作提供了大量数字化的建筑数据资料。

文化旅游是厦门市重点打造的产业链群，围绕国际海滨花园旅游城市的战略目标，突出"海上花园·诗意厦门"城市定位，厦门重点发展"海峡旅游、商展旅游、休闲旅游、滨海旅游和闽南文化旅游"五大品牌，在国内外文旅市场都有极高的声誉度和美誉度。但同时，厦门文化旅游产业的发展也面临传统吸引力减弱、接续文旅新业态创新不足、新兴旅游吸引物开发缓慢等问题，还面临来自其他新兴旅游目的地城市的激烈竞争，文旅产业作为厦门市的支柱产业和名片产业，数字化转型的基础好，压力也是巨大的。

1. **发展思路**

充分结合厦门优势文旅产业和数字经济产业优势、沿海和紧靠台湾海峡地域优势，围绕海洋、海岛、海滨等自然资源；闽南、海峡等文化资源；休假、商旅等品牌资源，以虚实融合沉浸式文旅产品开发和孪生文旅治理系统搭建为重点，以海峡数字 IP 内容、直播新业态为特色，夯实数字文旅基础设施，加强线上宣传与线下体验融合、线上产品开发、市场营销与线下消费融合，促进文旅数字场景创新、产品服务创新、盈利模式创新，推动文旅资源、文旅产业、文旅产品、文旅消费、文旅融合的全面数字化转型。

2. 发展重点

文化旅游产品的数字化创新。一方面，加大传统文旅产品的数字化改造，推进景区的智能化导引系统、酒店智能化服务系统的建设，在厦门环岛、鼓浪屿、游轮出海等经典旅游线路沿线建设数字旅游岗亭，依靠二维码、近场通信（NFC）、增强现实技术，链接主流社交平台，实现创意打卡，针对本地和周边市场发展数字化"微旅游"。另一方面，借助大数据、人工智能、元宇宙、区块链等新一代数字技术，大力发展基于区块链数字文化藏品、基于虚拟现实的云游览和电子竞技、基于人工智能的交互式数字内容，培育厦门文旅新增长点。

文化旅游资源的数字化保存。推动数字海洋建设，促进海洋旅游开发与生态保护；推动厦门市博物馆、郑成功纪念馆、鼓浪屿钢琴博物馆、陈嘉庚纪念馆、华侨博物馆、桥梁博物馆等重点博物馆、展览馆馆藏品的数字转化；推动南普陀寺、胡里山炮台、厦门大学建筑群、鼓浪屿建筑群等著名建筑和其他不可移动文物的三维数字扫描和工程数字建模；推动南音、漆线雕、歌仔戏、珠绣等重点非物质文化遗产的数字化保存；推动厦门本地特色饮食的数字化传承。在文旅资源数字转化、保存的基础上，大力发展文化创意产业，开发基于厦门文旅数字资源的影视剧、音乐、电子游戏、玩具、文具、创意食品、旅游纪念品及其周边产品。

文化旅游产业的数字化治理。不断推动文旅产业管理的数字化改革，将智慧旅游系统作为厦门智慧城市建设的重点内容，推动文旅大数据与交通、民生、公共安全、医药健康等大数据的共享和对接，增强厦门文旅数字化综合治理能力。以鼓浪屿为重点，在主要景区、社区搭建数字孪生系统，同时促进旅游业高质量发展和当地居民生活的改善。

文化旅游市场的数字化开拓。在主要互联网旅游销售平台、社交平台、短视频平台、生活和购物综合平台搭建厦门文旅频道，培育厦门文旅整体宣传和市场销售数字体系。丰富和完善"厦门旅游"App和小程序，利用人工智能和大数据实现一键式的旅游行程安排、酒店预订、机票火车票预订、餐厅预订、出租车预订，根据偏好进行精准文旅产品推送。全面改造升级旅游集散中心、旅游信息和服务中心，建设厦门文旅数字内容销售、数字信息分发的结点。在厦门市内和主要客源地城市机场、高铁站、城市综合体建设厦门文旅体验馆，委托国际一流团队开发"云游览""云观赏"系列虚拟现实产品，打造厦门文旅"云IP"。特别重视抖音、快手、小红书等新兴销售载体，推动直播带货、热门综艺影视植入对厦门文旅产品服务的宣传。

（二）智能制造

智能制造（Intelligent Manufacturing，IM）源自日本在 1990 年倡导的"智能制造系统 IMS"国际合作研究计划，是一种由智能机器和人类专家共同组成的人机一体化智能系统，能够实现在制造过程中进行诸如分析、推理、判断、构思和决策等智能活动，是制造自动化概念的升级和更新，更加突出制造系统的柔性化、智能化和高度集成化。智能制造代表制造业在新科技革命和产业变革中的发展方向，而中国在智能制造技术研发和应用开发上都走在世界前列。目前，包括中国、美国、日本、德国、韩国在内的制造大国和强国，智能制造都还没有形成成熟和广泛推广的技术路线和应用模式。随着工业互联网、5G 网络、区域性大数据中心等基础设施不断完善，一批演化于领先制造企业或互联网企业的集成服务商和一体式供应商推动了智能制造的发展和制造业组织模式变革。智能制造的大方向是明确的，但具体的实现路径上还存在诸多不确定性，目前仍然处于体系探索和部分企业先期试点的阶段，对于行业领军型企业而言，同时存在先发优势和面临巨大的变革风险。

厦门有特色鲜明的制造业体系，平板显示、通信设备、工程机械、电力电气等主导制造业规模大、竞争力强，"十四五"时期将着力壮大电子、机械两大支柱行业。作为沿海城市，厦门促进制造业数字化转型和发展智能制造有技术、资本和人才上的要素优势，但是同样作为经济和产业更发达的城市，厦门智能制造发展也应当有更高的目标，需要和北京、上海、广州、深圳等城市在智能制造的高端环节开展竞争和合作，而与国内一线城市比较，厦门在数字经济发展水平、制造业的区域协同配套能力等方面还存在一定的差距，这是厦门智能制造发展存在的短板。

1. **发展思路**

加强技术研发与技术引进，夯实智能制造底层技术，加快完善工业互联网、工业大数据和工业数据采集系统建设，推动智能制造网络体系、平台体系、安全体系基础设施建设，大力推广场景开发和开展示范应用，率先推出可复制的智能制造方案和相关技术标准。鼓励厦门优势制造企业充分利用互联网、人工智能、区块链等数字技术增强技术研发和产品服务开发能力，重点支持新型传感、模块化和嵌入式控制软件、系统协同、故障诊断与自行修复、工业级实时通信、增材制造、精准识别等智能技术在厦门重点制造企业的应用，以示范项目带动规模化体系化应用。根据不同制造行业技术特征制定与现实相符的数字化转型主线，以电子信息、工程机械、电力电气、汽车等厦门支柱制造业部门的转型升级为目标和重点方向，大力发展用户直连制造（C2M）、用户参与制造、人机融合制造、共享制造等智能制造业态。鼓励优势企业打造数字化生态体系，向平台型企业转型升级。

2. 发展重点

工程机械行业重点延伸产业链和数据链，建设国内领先工程大数据生态体系。应用数字技术和手段不断提高工程机械行业制造过程的柔性化程度、定制化程度、上下游协同化程度，进一步做大做强厦门工程机械制造的同时，向下游延伸产业链和数据链，形成以数据为纽带的工程机械全生命周期服务体系。大力推进工程大数据库资源拓展应用，依托工程机械数据储存和算力基础设施，构建面向整个制造业的智能制造孵化体系，扩大工程机械对其他制造业行业数字化转型的技术、模式、人才和管理溢出。

电子信息制造业以平板显示和半导体集成电路为重点，建设智能工厂，全面提升智能化水平。在主要电子信息制造企业全面推进智能产线和智能工厂建设，将电子信息产业打造为厦门智能制造的名片产业。支持天马微电子、友达光电、宸鸿科技、冠捷科技等平板显示企业建设工业4.0示范工厂，支持三安集成、瀚天天成、芯光润泽等半导体和集成电路企业建设黑灯工厂。

汽车产业坚持智能网联汽发展方向，建设商用客车车联网全国数据中心。以中型客车和大型客车为重点，积极探索智能网联汽车发展模式，大力推进基于车联网的服务创新、产品创新。依托厦门金龙等重点企业，建设面向全国的商用客车车联网数据中心，不断增加数据规模和拓宽数据接口。

电力电气行业重点增强上下游智能协同，着力增强柔性化和定制化能力。推动电力电气行业企业信息系统与重点下游用户的对接，实现供需信息共享和同步排产，为下游行业提供准时、准点和定制规格的供应链服务。顺应电力电气产品和服务数字化、智能化改造的趋势，依托大学、科研院所、重点企业打造公共服务平台，提高厦门电力电气产品数字化的检测、认证、计量和标准能力。

（三）智慧海洋

智慧海洋是"工业化＋信息化"在海洋领域的深度融合，是以完善的海洋信息采集与传输体系为基础，以构建自主安全可控的海洋云环境为支撑，将海洋权益、管控、开发三大领域的装备和活动进行体系性整合，运用工业大数据和互联网大数据技术，实现海洋资源共享、海洋活动协同，挖掘新需求，创造新价值，达到智慧经略海洋的目的。

2021年，厦门市颁布《加快建设"海洋强市"推进海洋经济高质量发展三年行动方案（2021—2023年）》，重点任务包括"着力发展海洋信息与数字产业"，同时正在加紧编制《厦门"智慧海洋"建设规划》，重点推进厦门"智慧海洋"运营中心和海洋大数据及支撑服务、蓝色经济产业服务、海洋公众服务和海洋立体观测四大平台建设。总体上看，厦门智慧海洋起步较早且形成一定的特色，但在数字新技术、新模式、新手段的应用和新业态创新上与其他沿海城市比较的优势有所缩小，海洋经济的数字化转型紧迫性增强。

1. **发展思路**

加强海洋渔业与新一代信息技术相互融合，建成渔业资源、产业大数据管理平台、产品质量安全追溯信息平台，建设一批智慧海洋渔业示范基地。以需求变化为导向，以数字技术和手段为主要推动力，以产品质量提升、生态保护加强为主要路径，实现科学规划、精细种养、精准控制、实时检测、产品溯源、立体监管，提升海洋经济效率和效益。

2. **发展重点**

建设完善渔业物联网和渔业大数据。建设集智能感知、传输、控制为一体的海洋物联网系统,打造厦门"渔联网"品牌,围绕渔业全产业链,以渔业大数据为基础,延伸技术服务、交易服务、金融服务、救援服务。完善海洋渔业产品可追溯体系,鼓励渔业产品电商销售。

大力推广数字化高效精准渔业。建立厦门"云+端"海洋渔业控制体系,基于云平台实现在线检测,精准把握气候环境状况和鱼类生长情况,对海洋水质、温度实现实时分析。

加强海洋经济数字化规划和治理。利用数字技术加强海洋资源和渔业生产监管,综合运用卫星遥感、无人机、海上物联网系统对禁渔期、禁渔区进行全方位不间断监控,加强海洋渔业资源保护和科学捕捞。

三 "做优型"产业数字化发展重点

(一)数字金融

数字金融是指互联网及信息技术手段与传统金融服务业态相结合的新一代金融服务,不仅是金融业自身业务流程的转型升级和效率提升,也代表金融产品创新的重要方向。随着数字经济的深入发展,数字金融也呈现出新的发展趋势:金融业数字化转型持续加速,数字技术应用已经有明显的收益;金融企业数字化转型重点从线上的运营管理转向线下的金融服务创新；数字金融拓宽传统金融业务，场景更加多元化；数字风控能力得到加强，金融数据治理体系更加完善。

厦门金融业产业链较为完善，拥有各类金融机构近千家，具备功能完备、运行稳健的多元化金融服务体系。同时，厦门资本市场较为活跃，沪深北证券交易所及全国股转系统均在厦设有服务基地。厦门已经明确金融"两区两高地"布局（金融对外开放先行区、产融结合发展示范区、金融科技发展高地、财富管理创新高地），金融对外开放和营商环境均在全国领先。早在2010年，厦门就获国务院批准建设两岸区域性金融服务中心，在两岸货币兑换、贸易结算清算、台资金融机构准入、两岸保险合作等方面率先试点；2022年，厦门再获批全国第三批数字人民币试点城市。但同时也要看到，厦门法人金融机构省域外辐射能力不足，缺乏全国性金融机构品牌，缺少投资银行、资产管理、公司金融、保险精算等专业团队，金融专业度亟须提高。金融科技、绿色金融、数字金融、跨境金融等创新业务处于培育阶段等问题，金融新业态发展有待进一步拓展。

1. **发展思路**

以打造服务两岸、辐射东南亚、连接"海上丝绸之路"、面向全球的区域性金融中心为目标，以海峡两岸金融合作试验区建设为动力，以创新金融服务为主线，努力建设区域性数字金融中心。鼓励金融新兴业态发展，重点推动以数字技术为支撑的科技金融、普惠金融、互联网金融、供应链金融、消费金融和跨境金融规范健康有序发展，提升金融服务实体经济能力，加强人工智能、区块链、大数据等技术在支付、征信、风险管理、反欺诈、反洗钱等领域应用，加快构建多层次、广覆盖、差异化、高安全的金融机构体系。

2. **发展重点**

利用数字技术提升金融支付水平。鼓励在厦金融机构和支付企业利用大数据、云计算、人工智能等技术推动产业变革，增强客户服务便利与改善体验。全面提升支付结算产品智能化水平，提高金融风险管控预警的精准度，提高金融服务普惠程度和业务处理效率。

重点服务中小微企业融资。探索应用大数据、物联网等新技术，建立中小微企业大数据信息共享与信用评价系统，构建线上线下相结合的担保增信模式，开发满足中小微企业快速融资的金融科技类产品，降低中小微企业融资成本。

构建服务海上丝绸之路、金砖国家和海峡两岸的一站式金融服务平台。培育和引进一批第三方支付机构，鼓励银行等金融机构利用区块链、大数据等技术，搭建数字化风控平台，加强与跨境电子商务平台、外贸综合服务企业、第三方支付机构合作，开展一站式数字金融服务。加强支付标记化技术、智能终端技术、生物特征识别技术在跨境支付中的研发应用，扩大跨境金融交易规模、推进跨境投融资便利化。

（二）数字贸易

数字贸易是指信息通信技术发挥重要作用的贸易形式，数字贸易不仅包括基于信息通信技术开展的线上宣传、交易、结算等促成的实物商品贸易，还包括通过信息通信网络传输的数字服务贸易，如数据、数字产品、数字化服务的贸易。当前，数字贸易方兴未艾，全球数字贸易发展集中度不断提高，大型数字平台具有垄断地位，数字贸易业态不断推陈出新，对传统贸易同时形成促进和替代效应，并赋能相关农业、制造业、服务业的发展。厦门经济特区成立于1980年，是我国对外贸易发展历史悠久的城市之一，对外贸易规模大发展水平高，加之临近台湾海峡的独特区位，发展数字贸易起点高、基础好。

1. 发展思路

以海峡和东南亚为重点方向、以平台建设为主要路径，加强服务数字贸易的算力基础设施和通信网络建设，促进传统贸易企业、贸易模式的数字化转型升级，推动贸易企业、海运企业与互联网等数字经济企业的深度融合发展。做大跨境电商规模、做强做特数字文化贸易，打造特色化数字贸易产业体系，扩大厦门数字贸易辐射范围，建设厦门成为国内数字贸易发展高地。

2. 发展重点

推进自贸区数字新业态的培育和发展。依托自贸区政策优势和资源聚集优势，建设聚焦贸易数字化的公共服务平台，打造大宗商品数字化供应链生态圈。进一步拓宽重点面向东南亚和台湾地区的跨境电商新业态新模式，建设"一带一路"贸易高地。加快推进航空维修、融资租赁、进口酒、集成电路等重点平台数字化转型，打造自贸区数字化公共服务体系和平台经济。

服务腹地经济数字化转型。依托贸易数字化形成的数据基础，以服装鞋帽为重点，打造面向全球原材料、设计、配件制造、成衣制造的工业大数据，为泉州、莆田等腹地经济地区服装鞋帽产业的数字化转型，培育快时尚等服装新业态，重构以数据为纽带的服装新产业链价值链提供支持，逐步形成构建在数字贸易基础上的新型区域外向型经济合作模式。

大力发展数字文化贸易。以闽南文化、海峡文化、滨海文化为特色促进促进优秀文化资源、文娱模式数字化开发，鼓励文化企业与互联网企业联合开发数字艺术、云展览和沉浸体验等新型业态,积极培育网络文学、网络视听、网络音乐、网络表演、网络游戏、数字电影、数字动漫、数字出版、线上演播、电子竞技等领域出口竞争优势。建设艺术品全产业链保税共享平台,大力发展艺术品云鉴赏、网络拍卖等新模式。规范发展数字藏品交易,打造海峡数字藏品交易平台。

(三) 智能建造

智能建造是指在建造过程中充分利用数字化、智能化等相关技术,构建项目建造和运行的智慧环境。以 BIM、物联网、人工智能、云计算、大数据等先进技术为基础,实现建设全生命周期数字化、信息化、智能化。2022 年 11 月 9 日住建部印发《关于公布智能建造试点城市的通知》,选取北京、广州、厦门等 24 个城市开展智能建造试点,厦门是福建省唯一试点城市,培育了一批具备智能建造技术能力的龙头骨干企业,促进以工业化、数字化和绿色化为主要特征的现代建筑产业加速形成,在行业转型升级中取得了先机。

1. 发展思路

以智能建造试点为契机,推进建筑工业化、数字化、智能化以及绿色低碳发展,积极探索新一代信息技术和建筑工业化技术协同发展路径和模式,建立涵盖科研、设计、生产、施工、运维等全产业链融通协同的智能建造产业体系，推动建筑业转型升级、跨越发展和高质量发展。

2. 发展重点

健全智能建造监管体系。建立健全与智能建造相适应的工程质量安全监管模式，实现监管内容和监管信息数字化，加强重大危险源防控，逐步推进智慧工地评定、装配式建筑实施评价等"互联网＋监管"工作。探索利用射频识别（RFID）信息、二维码等物联网技术和协同管理平台，推进建筑信息模型（BIM）报建审批。完善工程建设数字化成果交付、审查和存档管理体系，支撑对接城市信息模型（CIM）基础平台，探索大数据辅助决策和监管机制。

建设智能建造产业数据中心。推进建筑业数据中心等系统资源的虚拟管理，以按需动态分配资源等方式提高系统资源利用率，建设智能建造产业数据中心。通过区块链数字技术，构建统一的建筑业数据信息安全体系，预防与控制信息风险、提供全面的数据资产安全保障。

四 "做精型"产业数字化发展重点

（一）数字港口

数字港口是全面数字化和智能化的港口，即以数字技术为手段全面实现港口运转的数字化、网络化、智能化和可视化。港口的数字化是国际贸易、国际物流数字化转型的基础，也是港口无人化、绿色化等其他升级方向的基础。厦门港2021年集装箱吞吐量全球排名第十三位，是东南沿海地区重要的货物进出通道，但面临发展空间受限、运营成本不断攀高、生态环境压力不断增强、全球货物贸易增长疲软、国内港口竞争加剧等发展挑战。数字港口的建设不仅能够破解当前厦门港的发展瓶颈和制约因素，还能够构建新的数字化平台，衍生现代物流新业态，提升厦门作为东南沿海重要物流结点的地位。

1. 发展思路

推动厦门各港口码头设施设备的数字化、智能化升级，促进数字港口建设与现代物流产业的融合发展，依托数字港口建设培育物流新业态，全面升级厦门国际游轮接待能力，大力培育游轮经济。

2. 发展重点

推动港口无人化发展。在远海码头实现无人化的基础上，总结适合厦门海港条件和气候特征的港口无人化的经验和模式，逐步在全市港口推广。鼓励本地优势工程机械制造企业、物联网服务企业、数字经济企业参与厦门无人港建设，培育数字港口、无人港口产业体系。

依托数字港口培育现代物流新业态。依托港口型国家物流枢纽、东南国际航运中心，推动现代物流与数字经济融合发展智慧物流新业态。发挥好厦门集装箱智慧物流平台的带动作用，在海沧、东渡、前场、同安、翔安物流产业集聚区，打通铁、公、水、空运输与商贸、金融数据通道，推动市场主体各方信息互联互通，促进产业深度融合创新发展。

大力培育智慧邮轮经济。全面提升厦门国际邮轮中心接待能力，大力应用人工智能、虚拟现实等技术，给予游客完美体验。尽快建设完成邮轮码头配套住宿、餐饮、娱乐休闲、免税购物等设施，培育游轮经济生态体系。

专栏 5-1

厦门发展邮轮经济优势突出

邮轮经济是指以邮轮旅游为核心产品带动相关产业的发展而产生的各种经济活动的总和。自20世纪末以来，邮轮旅游一直保持年均8%的增速，是在发达国家已经发展得非常成熟，而我国尚处于发展早期的新兴旅游业态。根据不完全统计，新冠疫情之前，全球邮轮年接待量约为3000万人次。

目前，国内有9大邮轮母港，分别是上海吴淞口国际邮轮港、上海港国际客运中心、天津国际邮轮母港、厦门国际邮轮母港、青岛邮轮母港、舟山国际邮轮港、三亚凤凰岛国际邮轮港、深圳蛇口邮轮中心、广州南沙国际邮轮母港。疫情前的2019年，厦门国际邮轮母港的接待量位列全国第四，厦门市也是邮轮旅游接待量第三的城市。2019年，福建省发布《关于促进邮轮经济发展的实施方案》，明确重点建设厦门邮轮母港。除了政策上的支持，厦门发展邮轮经济还有一些独特优势：一是发展历史长，城市文化中已经包含邮轮文化，厦门自20世纪80年代就开始接待邮轮，是国内最早发展邮轮产业的城市之一；二是厦门气候宜人，相对于北方港口能够常年开展各种邮轮和邮轮相关旅游休闲项目；三是厦门邮轮母港临近城市中心，交通便利、商业繁荣，能够发展各种会展、旅游、商贸和城市休闲；四是厦门具有优越的地理位置，向内有广阔的腹地经济，向外可以发展日韩、港澳地区、东南亚诸国等邮轮线路。

（二）数字商业

在数字经济浪潮下，几乎所有产品都在开发新的数字功能，特别是新冠疫情暴发以来，各种数字商业新业态不断涌现，在线医疗、直播电商、数字文化、电子游戏、数字旅游、智能体育等都在消费市场中占有一席之地，不仅推动消费市场向多元化、个性化转型升级，还成为疫情后稳定消费的重要力量，对消费行为也造成深远的影响。数字商业引起的更大变革是对整个产品和服务消费体系的冲击，例如，零售业数字化变革趋势非常明显。"新零售"通过运用移动互联、大数据、物联网、人工智能等技术手段，打通线上、线下数据，以消费者为中心的会员、支付、库存、服务等数据得到全面共享，使得零售业及其上下游的商品生产、物流、展示、营销、销售、售后全过程发生巨变。

厦门是福建省重要的消费中心城市，但社会消费零售额在全国城市排名中位列近第40位，这与厦门的地位和定位不相符。受本地人口规模，以及高铁等交通网络造成的消费虹吸效应影响，厦门消费增长的约束较大。2022年，厦门市政府颁布《培育创建国际消费中心城市行动方案》，提出了加快商业数字化转型、创新升级信息消费等促进数字消费的重点任务。总体上看，数字消费必然是厦门消费增长、建设国际消费中心城市的重要内容，但新冠疫情后经济下行压力增大造成的消费增长趋缓、周边城市的竞争压力都会对厦门数字消费的发展带来挑战。

1. **发展思路**

以建设国际消费中心城市为总引领，大力促进产品服务数字化功能创新和数字消费新业态的发展。不断完善厦门数字消费基础设施，推动商业场所的数字化改造和数字消费平台建设，全面升级城市电子商务，打造智慧消费2.0模板，以消费者为中心拉动相关行业的人、货、场的数字化转型。大力挖掘数据要素培育数字消费新热点，促进消费提质升级，将厦门建设成为岛湾一体，联通内外循环，辐射台湾地区、东南亚各国的高质量、高科技、高颜值的国际消费中心城市。

2. 发展重点

推动商业设施的数字化转型。积极利用物联网、大数据、云计算、人工智能、虚拟现实等新技术，发展智慧商圈、智慧街区，推动智慧体育场馆、智慧综合体建设。加快线上线下消费有机融合，大力发展"网上餐厅""直播+""云逛街""云展览""云体验""沉浸式消费"等消费新模式，支持传统零售企业数字化转型。万象城、中华城、SM、磐基名品中心、宝龙一城等地标级商圈建设数字孪生系统，提高商圈管理和运营数字化水平，建设虚实结合的场景化、体验式购物虚拟体验。中山路、集美学村、同安老城钟楼等突出特色文化，引入和培育"IP"，打造极具闽南文化特色的"网红"街区。

创新升级数据信息消费。鼓励和引导制造企业、服务企业深入研究产品和服务数字化升级的方向和具体实现路径，提高"厦门制造""厦门服务"的数字内容占比和盈利水平。继续办好厦门国际动漫节、海峡工业设计大赛，打造汇聚产品服务数字化创新的赛事平台、交流平台。推动跨行业合作，推动传统制造企业和服务企业运用虚拟现实、增强现实、交互娱乐等数字新技术，丰富产品和服务体验。

建设智慧消费"微中心"，打造智慧消费2.0模板城市。"网购""外卖"已经成为城市居民生活不可缺少的重要组成，但也存在配送不准时、配送成本攀高、卫生条件不可控等问题。在前期发展基础上，可加强建立在数字经济基础上的城市消费精细化管理运行体系，创新发展配送更加迅速、物流通道更加高效、产品服务可追溯性更强的城市智慧消费2.0版本。以社区为基本单位，建设布局合理、业态齐全、功能完善、智慧便捷、规范有序、服务优质、商居和谐的智慧消费"微中心"，在快递、外卖、社区团购的基本功能外集成医疗、养老、托幼、家政、维修、助餐等延伸便民服务，利用大数据、人工智能、边缘计算等技术，实现无人值守，降低运营成本和提高运营安全保障。

第六章　厦门数字化治理的重点领域

数字化治理是指政府以数字技术赋能政务服务和公共服务，通过推动治理机制、方式和手段的数字化、网络化、智能化转型，有效提高数据资源的利用效率，实现政府决策科学化、社会治理精准化、公共服务高效化和内部运行协同化的一种新型治理模式，是政府治理理念和方式的创新。数字治理的任务就是打造精简、高效的政府，构建共治共享的数字社会，保证网络空间的安全稳定，为全社会数字化转型保驾护航。随着数字技术与实体经济的融合日益深化，推动治理数字化对全方位提升政府履职效能、提高政府治理水平、更好地释放数字经济发展潜能、推进国家治理体系和治理能力现代化具有重大意义。

厦门是我国最早的经济特区之一，是全国较早开展信息化建设的城市之一，也是习近平新时代中国特色社会主义思想的重要孕育地、萌发地、实践地。一直以来，厦门始终沿着习近平总书记指引的方向，深入贯彻落实党中央、国务院、福建省关于加强数字经济、数字政府建设的各项重大决策部署，取得了良好的成效。特别是新冠疫情暴发以来，为了加快形成数字化治理新格局，为企业和群众提供优质、便利、高效的政务服务和公共服务，厦门进一步加快了数字治理的步伐。以"城市更智能、治理更精细、生活更便利"为发展目标，积极利用数字化、智能化手段，着力打造城市大脑、提升数字政务，在全国率先建成市大数据安全开放平台。加快推进"网上办""掌上办""自助办"等"无接触办理"方式。拓展各类数字服务应用场景，推动政府单位、社会组织、居民个体共同参与城市治理，着力打通宣传、教育、服务群众的"最后一公里"。目前，数字政法、数字防疫、数字环保……数字技术已融入政务服务和公共服务的方方面面，成为推动治理体系和治理能力现代化的重要利器。资料显示，厦门市政府门户网站在全国15个同类城市网站绩效评估中排名第一，数字政府服务能力位列重点城市"优秀级"（工信部中国软件评测中心），政务数据共享工作获评"数字政府创新成果与实践案例"（中国信息协会）。

但是也要看到，治理数字化转型是极为复杂的系统性工程，牵涉面广，涉及部门、层级多，整体协同推进难度大。虽然全市数字治理、数字政府建设的相关机构、统筹协调机制已经建立，以"城市大脑"为支撑的全市一体化的数字底座、应用体系初步建成，但厦门数字治理还存在一些突出问题，"数据孤岛"、数据仓库"冷数据"多、"热数据"少等实际现象仍存在，政务数据在资源整合共享利用、跨部门政务应用创新、城市治理数字化支撑、信息化项目管理效率提升等方面还有待进一步优化；从群众角度出发的主动式、场景式服务严重不足；公共设施及其运行状态的物联感知、数据汇聚存在较多信息孤岛；营商环境距现代化国际化"新高地"仍有差距，在流程优化、并联审批、告知承诺等方面还有不少短板。网络安全保障体系还不完善，干部队伍数字意识和数字素养有待进一步提升，政府治理数字化水平与国家治理现代化要求还存在一定差距等。

一　数字政府的发展重点

厦门数字政府建设起步较早，发展水平全国领先。目前，"i厦门"平台整合了53个政府部门、集成530多项应用及服务，覆盖20大类便民服务领域，在线可预约办理事项超3000项，实名注册用户超过880万人，功能涵盖政务、教育、医疗、社保、交通、住房等社会经济方方面面，且根据实际情况还在不断迭代升级、拓展内容，初步构建起"政府主导、政企合作、管运分离、授权运营"的数字政府建设运营新模式。

1. **发展思路**

坚持把党的全面领导作为加强数字政府建设、提高政府数字治理能力、推进国家治理体系和治理能力现代化的根本保证，按照《厦门市国民经济和社会发展第十四个五年规划和2035年远景目标纲要》对数字政府发展指明的方向和目标，把党的政治优势、组织优势转化为数字政府建设、提升数字治理能力的强大动力和坚强保障，确保数字政府建设重大决策部署贯彻落实。以顶层设计为引领，"自上而下"进行系统谋划，以群众满意为目标，不断迭代升级"ⅰ厦门"功能，将其打造成全国一流的为民服务平台，通过跨部门的数据共享、流程再造和业务协同，促进政府治理模式创新，推动政府治理从"事"向"制""治""智"转变，打造"法制智治，惠企便民"、协同高效的"数字政府2.0"。

2. **发展重点**

加强数智城市硬件基础设施建设。加快城市管廊建设和数字升级，规划建设厦门城市数据传输大动脉和毛细血管系统，实现厦门城市内重要数据信息的实时传输、实时共享和实时提取。进一步完善"雪亮工程"覆盖面，探索由传统摄像头、新型智能摄像头、超高清高覆盖摄像头、卫星摄像、无人车机船摄像共同组成的"天网"系统。建设综合城市算力系统，包括为重大科研项目、工程项目、气候演变预测，复杂经济社会运行验算服务的超级计算中心；为数字经济发展、人工智能训练、城市运行和企业日常运营服务的智算系统；为少量运算和初步筛选服务，以众多智能化终端为载体的边缘计算系统。

加快基于数字孪生技术的"平行厦门"建设。当前全球新一轮科技革命和产业变革深入演进，以数字孪生为代表的新技术，正加速推动经济社会发展方式和治理模式变革重塑，驱动智慧城市建设进入"数字孪生"新阶段。所谓数字孪生城市是指通过数字孪生技术与5G、AI、物联网、传感器、云、大数据等技术的深度融合，在网络空间给城市构建一个数字克隆体，或者说"平行世界"，实时监测城市肌体每个毛细血管的一举一动，对城市治理的运营、决策提供支撑。根据厦门特点，一是构建视觉可视化、孪生体可编辑、业务规则可分析计算、数字空间可交互的新底座平台。围绕实体对象、实体关系、业务规则推进数据融合，为开展交通动态调度、经济运行预测、金融风险预判、自然灾害预报和防范、重大公共事件评估、政策评价等提供支撑。二是推动数字孪生技术向城市建筑建造领域渗透。对城市建筑进行线上档案化管理，并构建线上监管平台，重点加强基础设施与建筑安全、能源消耗等控制性指标等的监管，探索实现既有建筑数据与智能建造数据的逐步融合。通过融合遥感信息、城市多维地理信息、建筑及地上地下设施的部品部件模型、建筑信息化模型（BIM）、城市感知信息、智慧工地等多源信息，健全城市三维空间全要素的城市信息模型（CIM）基础平台，建立"万物互联"的城市基础设施数字体系。三是将海洋资源、航运资源和对厦门有影响的海峡相关数据信息纳入数字孪生平台，利用三维可视化工具实现海域交通环境全景三维展现，集成航海安全信息、船舶自动识别系统等数据，实现数据展示、查询和实时监控，为主管部门、航运企业和公众提供多维度的航海数字产品和服务。四是创新城市运维管理模式。在工程建设、行业应用、园区、智慧招商、商业选址、室内导航等多维度场景率先开展城市信息模型"CIM+"应用，通过对城市数据的采集、整合和分析，识别城市运行规律，发现城市治理矛盾并寻求解决途径，为城市职能定位和发展态势研判提供支撑，推动城市治理体系和治理能力现代化水平提升。促进各领域业务间信息互通，紧随城市建设和应用需求的拓展不断完善。服务城市全生命周期管理，全方位开放式赋能城市各行业，提升城市运行管理和服务能力。

推进"城市大脑"建设，迭代升级"i厦门"综合服务平台。"i厦门"是厦门市数字政府发展成果的重要展现平台。按照《国务院关于加快推进全国一体化在线政务服务平台建设的指导意见》要求，一是持续强化"i厦门"平台"纵向互联、横向互通"的核心枢纽定位。全力做好同省级公共平台（省网上办事大厅、闽政通等）各项工作对接，为各区各部门应用对接和创新降本增效，进一步加强厦门市面向公众和企业的政务服务、公共服务、便民服务资源统筹建设力度，按照"应接尽接、应入尽入"的原则，全面接入闽政通和"i厦门"平台，持续推进政务服务"一网通办"。以"公共产品网购化"为方向，以"高效办理一件事"为目标，建设全市统一的政务服务管理平台，让企业和群众办事只需进一张网、一次登录，就可实现全网通办、全程网办。大力推行政务服务"掌上办""自助办""就近办"，推动高频政务服务事项做到应上尽上、全程在线。持续拓展"省内通办""跨省通办""异地代收代办"的范围，推动更多政务服务事项实现"零跑动"，让企业和群众办事像网购一样方便。二是深入推进市域治理"一网统管"，为提升政府治理能力和水平提供有力支撑。以"城市治理共享化"为方向，以

"高效处置一件事"为目标，搭建集"指标态势监测、事件智能分拨、综合分析研判"等功能为一体的城市治理平台，按照统一标准规范，在城市公共安全、交通、环保、市政、城管、应急、消防等部门接入传感设备，推动实现全域物联感知终端应接尽接，为市域治理和应急处置提供及时、准确的信息来源；打造市区两级互联互通的治理平台，市级城市治理平台实现各业务系统等的横向互联，与区级平台纵向无缝连接，并探索向镇级或社区级进一步细化延伸。支撑市域治理各类事件的高效协同处置；聚焦公共安全、应急管理、规划建设、城市网格化管理、交通管理、市场监管、生态环境等市域治理热点难点问题，开发建设一批跨部门、跨行业、跨层级协同联动示范应用场景，推动城市治理由"单线条处置"向"系统集成治理"转变，提升重点领域智治水平，形成"全市域、全天候、智能化、多渠道"的事件预警和协同治理体系，为城市综合治理提供决策依据，努力实现市域治理能力、市政务服务便捷化程度走在全国前列。三是稳步推进政务办公"一网协同"，提升政务服务网络支撑能力。以"政务运行平台化"为方向，以"协同办理一件事"为目标，面向党政工作人员，构建上下贯通国家、省、市、区、镇街，左右联通市直各部门的政务信息网，实现全市所有政务部门业务"一网承载、一体管理、一体安全";打造"互联互通、市区联动、部门协同"的一体化办公平台和移动办公平台,让公务人员在一个平台、一次登录,就可完成办文、办会、办事等各类事项。依托信创及国产密码技术,在确保安全的前提下,推行移动办公应用,实现政务办公高效运转。推动非涉密办公业务向移动端延伸,进一步提升政务运转效能。四是打造城市运行"一屏通览",为城市治理科学化、精准化、精细化提供决策支撑。以"决策指挥可视化"为方向,以"一屏观全城"为目标,发挥党建引领作用,围绕经济调节、市场监管、公共服务、社会治理、生态环保,着力构建"五位一体、全域覆盖"的城市运行生命体征指标体系;强化城市运行数据融合分析,通过城市全方位诊断、智能化预警等,提升城市风险感知和应急处置能力,着力构建"市、区、街道社区"多级协同联动体系,实现快速灵活综合调度与指挥。以移动设备为载体,以数据图表为主要形式,深化"数看厦门"建设,推进工业经济、商贸经济、重点企业综合专题和工信指标、人力社保、数字火炬、自贸片区等领域(区域)重点数据对接和图表化展示,实现重要指标数据"指尖查阅";以PC端、智慧屏/大屏为载体,以地理信息系统(GIS)地图为基础完善"图看厦门"建设,建设"数字厦门"展厅,优化提升生态环保、数字工信、统计数据、社会治理、交通运输、公共信用、城市管理、疫情防控、资源规划、雪亮视频、市场监管、行政审批、应急管理等专题，支撑重点领域运行分析和智能辅助决策应用。

二 数字社会的发展重点

当前，数智技术在社会治理实践和疫情防控中，如健康码、行程码、人才码、数据驾驶舱等融合应用已经展现出独特的优势和效应。厦门应从深化数字惠民便民，建设数智融合、共治共享的数字化社会出发，不断改善基层民生水平，确保人民安居乐业、社会安定有序，更好地服务保障"两高两化"（高素质、高颜值、现代化、国际化）城市建设。

（一）智慧交通

随着厦门市经济的快速发展，城市人口和机动车保有量持续增长，交通流量也不断加大。目前，厦门公路路网运行监测管理平台已基本建成，形成了"一网、一库、一平台"信息化新格局，数字化管理水平全省领先，但对标全国先进典范城市仍有提升空间。

1. **发展思路**

以打造国际性综合交通枢纽城市为目标，以提升公众出行精准化、便利化服务水平为切入点，利用人工智能、物联网、大数据、云计算、边缘计算等技术手段，进一步建立健全厦门大交通信息资源管理体系，通过大数据共享让交通变得更有"智慧"。

2. 发展重点

升级道路智能感知管控。根据视频检测数据、雷达、卡口等多源交通数据，并关联至路口进出口各方向、各流向，各车道上，构建交通模型实时计算城市、区域、道路和路口的交通态势，构建实时交通诱导信息系统，将实时交通事故、交通拥堵、占道施工等地理信息同步发布，联动手机导航App实现小屏诱导、随身诱导，实现全市交通运输数据"指尖查阅"，提前干预交通流，切实改善厦门市"四桥一隧"拥堵状况。

建立健全一体化出行服务平台。编制厦门一体化出行服务平台（MaaS）发展行动路线图，以互联网企业为主体，通过和上下游企业服务合作，构建完善"政府指导、行业支撑、互联网触达"的一体化出行服务平台，提供"门到门"一体化的出行规划、全程引导、出行预约、移动支付、聚合出行和个体激励服务，提升公众出行精准化、便利化服务水平。

培育交通数据产业。加大交通数据开放和供给力度，建设交通行业数据专区，构建形成包括政府、运营单位、数据提供方、数据需求方等多方参与的数据交易闭环，探索交通数据可持续运营模式，培育交通数据产业。

（二）智慧教育

智慧教育是指在教育管理、教学、科研等领域全面深入运用现代信息技术来促进教育改革与发展，其特点是数字化、网络化、智能化和多媒体化。近年来，中央先后颁布《新一代人工智能发展规划》《中国教育现代化 2035》《高等学校人工智能创新行动计划》《中国智能教育发展方案》，对智能教育发展的顶层设计逐渐完善，各个城市（特别是教育基础较好、经济较发达的城市）也在积极推动教育的数字化转型，建设智慧教育体系，发展相关产业。厦门无论中小学教育还是高等教育质量都在福建名列第一，教育资源丰富。从 2020 年开始，厦门开展"人工智能进百校"活动，开展了一系列促进智慧教育发展的培训，奠定了智慧教育发展的思想基础。

1. 发展思路

促进厦门优质教育资源与数字经济的深度融合，不断升级中小学、高校、科研机构、职业技术学校和其他教育机构网络支撑条件，完善信息基础设施，提升智能教育平台服务能力，丰富网络课程内容，推进智能教育业态创新。利用智能教育进一步促进厦门市中小学教育资源的均衡化,让每一个厦门学生都能享受到优质教育资源,同时进一步增强厦门教育整体水平,提高教育对厦门经济社会发展的支撑作用。

2. 发展重点

推广普及智慧课堂系统。推进全市统一智慧教育平台系统建设,在教学决策、评价反馈、交流互动、资源推送等方面实现数据化、智能化;推进全市中小学智慧课堂系统建设,结合AI学习设备和数字化教辅资源,打造富有智慧的课堂教学环境,促进传统课堂教学内容与方式的全面变革,推动VR在地理、实验课程中的应用,实现线上线下混合式教学的无缝切换;基于动态学习数据分析,根据每个学生的特点制定定制化的学习方案。鼓励厦门的高等院校建设一批具有学科特色的高等教育智慧试点教室,开发相应软件系统和硬件产品。

推进智慧教育模式创新。发挥厦门教育资源优势,发展全省和全国的在线直播课堂、网络点播教学、大规模在线开放课程(MOOC)、小规模视频公开课(SPOC)、学生自主学习、集中辅导答疑等智能教育模式。支持厦门大专院校开发针对职业教育和再教育的网络课程。

(三) 智慧医院移动互联网和人工智能

智慧医院是指以患者为中心、以临床需求为起点大数据,将5G、云计算、大数据、物联网、移动互联网和人工智能等新一代信息技术应用于医疗场景,通过建立互联、物联、感知、智能的医疗服务环境,整合医疗资源,优化医疗服务流程,规范诊疗行为,全方位提升医疗服务的效率和质量,实现患者就医便利化、医疗服务智慧化、医院管理精细化的一种新型医院。厦门市智慧医院发展水平较高,厦门大学第一附属医院是福建省首家"双通过"国家信息化建设标准的医院,也是全国首家获得HIC7级认证的智慧医院,下一步发展的重点是在更多医院推广数字化智能化改造,并且打通各个医疗服务机构的数据链条,进一步整合资源,打造全市范围的智慧健康体系。

1. 发展思路

借鉴世界领先的智慧医院发展模式,深入总结厦门大学第一附属医院智能医院建设经验,加快全市范围综合医院、专科医院、社区卫生服务站、私立医院和诊所、急救中心、养老院、疗养院、药店等医疗服务机构的智能化改造,依托已有医院资源建设一批互联网医院,不断提高在线诊断、远程治疗的比重,提高医疗资源分配的科学性和使用效率,打造"健康厦门"医疗大数据和统一数据入口,打造全市范围智慧健康体系。

2. 发展重点

建设一批互联网医院,扩大远程医疗服务范围,提高服务水平。依托厦门大学附属第一医院、厦门大学附属第二医院、厦门大学附属中山医院、市中医院、市妇幼保健院等优质医院,建设发展一批互联网医院,保障互联网医院在线医生数量和专业水平,提高公立医院副主任医师、主任医师在线坐诊的时间分配。在社区卫生站、社区服务中心、社区老年活动中心等安装互联网医院终端机,方便市民就医。开发全市统一的互联网诊断App,鼓励医院与厦门医疗器械制造企业联合开发满足互联网医院需求的系列个人智慧医疗终端。

打造全市范围的智慧健康系统。构建全市医疗数据资源统一入口,形成"健康厦门"医疗大数据,开发健康生活、营养管理、用药提醒等App和小程序,完善电子病例、电子处方系统、个人健康记录系统,推动各医疗服务机构的数据共享和互认。

鼓励脑科学、数字药物、数字疗法、机器人手术的发展。依托医院临床资源,加快人工智能与微电子学、遗传学、影像学、代谢组学、微生物组学、神经调控技术等深度融合,推动脑科学临床引用和延伸产品服务开发，推动创新成果转化。鼓励厦门公立医院积极参与数字药物、数字疗法项目，大力发展数字诊断、数字生物标记、患者远程监控、数字健康伴侣。

（四）智慧社区

社区是现代城市社会治理的基本功能单元，更是提升市域社会治理现代化水平、满足人民日益增长的美好生活需要的重要载体。智慧化社区是通过5G、物联网、大数据、云计算、人工智能等数智技术的应用，整合政务、商务、娱乐、教育、养老、医护及生活互助等社区现有的各类服务资源，为社区群众提供安全、舒适、高效、便捷的生活环境，从而形成基于数字化、智能化社会管理与服务的一种新型管理形态。智慧化社区建设是社区建设模式的创新和治理的创新，其智慧化已经成为城市智慧水平的重要体现。

1. 发展思路

坚持和发展新时代"枫桥经验"，把提升人民群众的获得感、幸福感、安全感作为智慧社区治理的出发点和落脚点，围绕社区全生活链服务需求，以人本化、数字化、低碳化为价值导向，打造泛在可及、智慧便捷、公平普惠的社区服务体系，形成让人民参与治理、人民共享成果的新格局。通过绿色、开放、共享等先进理念的植入，以及数字技术的集成应用，更好地发挥社区这一基础工作单元的服务作用,切实为居民排忧解难,提高社区居民的生活质量和对政府工作的满意度,从而加快和谐社区建设,推动区域社会进步。

2. 发展重点

优化智慧便民服务系统。以服务社区居民为主线,通过数字技术对社区医疗、社区物业、家政护理、老人关爱等社区管理、社区服务和办事流程进行重塑,大幅度提高管理的效率,增加服务与管理的内容,使得社区居民能获得更为快速、精细、个性、智能的服务。利用大数据分析准确把握社区居民需求、精准核算公共服务成本、合理配置公共服务资源,为社会、群众提供更加智能精准、便捷高效、规范透明的公共服务,使得政府与民众之间的互动与开放联系变得更加便捷,不断提升社会和群众的满意度。

完善社区居民和政府沟通、交流机制。畅通政民线上互动沟通渠道,依托"i厦门"的"i沟通"等数字平台实现零距离"察民情、听民声",快速、精准解决基层群众"急难愁盼"问题。有效运用大数据、人工智能等技术手段对舆情进行监测、预警,实现事前防范管理与事后应对处置的有效衔接,及时准确掌握舆情动态,有效应对、处置舆情及其引发的问题,提高网络舆情的处理能力,打造安全和发展并重的数字社区治理范式。

三　公共数据治理的发展重点

随着大数据、云计算、区块链和人工智能等数字技术的快速发展,由网络所承载的数据、信息,正广泛应用于智慧城市、公共事务管理等社会治理领域中,加速了社会治理的数字化转型进程。现阶段,我国90%的可用数据都为政府所掌握,因此,强化公共数据管理、深化公共数据开发利用,已成为推进治理体系和治理方式现代化、改善民生服务、保障社会正常运行的重要抓手。党和国家高度重视公共数据的治理和开发利用工作,《中共中央国务院关于构建更加完善的要素市场化配置体制机制的意见》明确指出,要推进政府数据开放共享,研究建立促进企业登记、交通运输、气象等公共数据开放和数据资源有效流动的制度规范;《中共中央关于制定国民经济和社会发展第十四个五年规划和二〇三五年远景目标的建议》中强调,要开展政府数据授权运营试点,鼓励第三方深化对公共数据的挖掘利用。响应党中央、国务院的部署,福建省也建立了"福建省公共数据资源统一开放平台"。

1. 发展思路

以释放公共数据价值为目标,以守住数据安全为底线,深化公共数据的开发利用。以最新发布的《厦门经济特区数据条例》为指引，在规范数据管理、使用、交易等行为，筑牢安全堤坝的前提下，引入市场力量协同开发公共数据资源，充分发挥企业主体的专业能力，激活"沉睡"的数据，最大限度地挖掘数据价值红利，加快构建起以政府为主体，以企业为驱动，社会公众广泛参与、合规有序、用数据说话、用数据决策、用数据管理、用数据创新的新格局。

2. 发展重点

建立健全数据治理制度和标准体系，创新数据管理机制。推进制定《厦门市一体化公共数据体系建设工作方案》《厦门市公共数据开放管理办法》，明确数据汇聚、共享、开放、开发等责任，为数据全生命周期治理和数据产业发展提供制度保障。

强化数据资源汇聚共享。打破信息孤岛、数据壁垒，按照"应接尽接、应汇尽汇"原则，继续推动全市各级部门信息系统全面接入市政务数据汇聚共享服务体系，目前，市政务信息共享协同平台累计汇聚有效数据已超过51亿条。升级完善人口、法人、信用、证照、自然资源和空间地理等基础数据库。建设教育、金融信用等主题数据库，推进建立"一人一档""一企一档"。推动部门专题数据库数据目录和公用企业数据资源目录接入市公共数据资源目录体系。深化惠企政策"免申即享"应用。持续梳理发布数据共享需求清单，开展年度优秀共享案例评选。加强与省数据汇聚共享平台对接，争取更多数据回流和落地。

深化数据资源开发利用。编制公共数据资源开放目录清单，发布年度公共数据开放计划。加快"可用不可见"方式数据资源开发利用，通过举办大数据创新应用大赛等方式，征集遴选公共数据资源应用场景。确立并发挥厦门市大数据公司作为公共数据资源授权一级开发主体的作用，建设数据交易流通平台，探索建立数据资产评估、登记结算、交易撮合、流通服务等市场运营体系。

强化数据安全管理。数据是数字治理的基础。中央全面深化改革委员会第二十五次会议强调，"要始终绷紧数据安全这根弦，加快构建数字政府全方位安全保障体系，全面强化数字政府安全管理责任"。在推进数字政府建设过程中，必须坚持公共数据的安全可控。一是构筑"管理机制＋安全技术＋专业团队"三位一体的常态化数据安全综合防护体系，实现各领域可信数据的节点部署，让政务数据、公共数据在政府部门间、政府与社会间安全、有序流动。二是统筹建设关键基础设施，不断提升数据安全技术保障能力。加快推进操作系统、数据库等基础软硬件的国产替代，相关数字政府、数字社会、数字治理的基础设施、产品、服务、数据需采用自主可控的先进技术、安全可靠的结构设计，为各类政务信息化应用提供安全、稳定、可靠的计算和存储能力，规避各个环节可能产生的安全风险。加速区块链、隐私计算、人工智能等技术应用，加强风险感知和监测预警能力建设，利用区块链技术对访问、修改等操作进行记录，提升对新型攻击手段的安全防护能力，增强对安全隐患的检测和追踪能力。三是加强队伍建设和人才培养，提升全社会特别是政府部门数据安全意识，定期组织开展数据技能与安全培训工作。厘清数据生产者、管理者、使用者责任，综合运用法律、制度、督查、监管等多种手段保障数据安全，推进可量化、可追溯、可评估的数据安全管理工作。

专栏 6-1

韩国开放运用公共数据，释放数据价值

2020年，韩国政府推出数字经济发展计划，颁布《公共数据法》，要求国家机关和地方政府积极推进公共数据开放，并委托韩国智能信息社会振兴院构建大数据平台。截至2021年12月，有977个机构开放了公共数据，共公开了49324个文件数据，开放了8055个应用程序接口。

交通部门是韩国最早启动数据分析的部门之一。

目前，首尔市已建成集合了公交综合管理系统、交通卡系统、监控摄像系统的"TOPIS"平台，与警察厅、气象局、道路运输管理部门等联动，通过收集、反馈和分析交通数据信息以改善市区交通状况。

2020年，首尔交通公社开始利用大数据综合分析市民交通卡使用情况和电信公司通信数据，预测地铁到达时间和车厢拥挤度，并将相关信息及时传送到手机应用程序中。乘客可以提前了解即将进站的三至四列列车的到达时间以及每节车厢的拥挤程度，选择合适的车次和车厢，乘车的舒适度大大提高。据统计，该应用程序上线一年多以来，高峰期最繁忙的线路之一——首尔大学入口站到教育大学站之间，客流量被分流了30%。

韩国企业也尝试利用平台上的公共数据开发新产品，目前已登记了2698个数据成果，其中，涌现出很多小而美的创意。例如，许多韩国民众喜欢钓鱼，济州道一家企业利用韩国水资源公社提供的公共数据，开发了一款手机应用程序，专门为钓鱼爱好者提供水库和渔场的天气、水位、水质等信息，推出5个月便获得了超10万的下载量。

据韩国科学技术信息通信部消息，参与政府数据相关事业的新上市企业从2019年的5家增加到2021年的26家，企业市值达5.8万亿韩元（1美元约合1200

韩元)。相关负责人表示，数据库活跃了青年创业，对创业企业的成长做出了贡献。"韩国将加快政策保障，创造更多国民能够感受到的可视性数据化成果。"①

---

① 资料来源：《释放数据价值 推动经济发展》（国际视点）人民网，http://world.people.com.cn/n1/2022/0208/c1002-32347372.html，2022年2月8日。

第七章　厦门数字经济发展的重点任务

厦门数字经济发展要以提升数字基础设施为引领,不断增强数字科技创新能力。通过建设数据资源体系,推动数字化转型,壮大数字经济主体,开放数字应用场景,激发数字消费市场,优化数字经济营商环境,提高数字产业集群竞争力,持续增强数字治理能力,强化数字经济安全,深化数字经济开放合作,实现厦门打造数字经济创新发展示范城市的目标。

一　提升数字基础设施

进一步完善信息通信基础设施,构建高速泛在互联信息网络体系。持续推进骨干网演进和服务能力升级,有效提升骨干网络承载能力,加快部署200/400G超大容量光传输系统,打造PB级骨干网传输能力。持续深化"双千兆"城市建设，加快实现"万兆到楼、千兆到户"的光网全市域覆盖。持续推进 5G 网络建设，实现全市域室内外 5G 网络全覆盖、行业应用网络需求全面承载。积极推动广电 5G 700MHz 网络建设，补充完善 5G 网络覆盖。加快居民小区地下空间信号覆盖建设进程，满足汽车电动化和网联化的日益增长需求。推动大型企业建设符合自身需求的 5G 专网。推进骨干网、城域网、接入网和内容分发网络的互联网协议第六版（IPv6）升级改造。加快建设北斗卫星导航定位基准站等配套设施，积极建设卫星互联网基础设施，与地面网络实现深度弥合互补，推进信息通信网络向空天地一体化发展。以北斗智慧海洋云平台、北斗智慧港航云平台、北斗智慧渔船渔港服务平台等为基础，加快发展"卫星互联网+新兴海洋经济"，争创特色鲜明、优势突出的国家级"卫星互联网应用示范区"。高质量建设运营厦门国际互联网数据专用通道和金砖创新基地区块链综合服务平台"星火·链网"超级节点（厦门），积极争取国际海底光缆及海缆登陆站、国家级互联网骨干直联点、互联网域名根镜像服务器、国际互联网服务支撑系统等关键通信网络设施在厦门落地，提升厦门互联网服务水平和互联互通网络层级。探索建设量子保密通信城域网，积极推动海峡西岸城市群广域量子保密通信环网建设，实现与国家广域量子保密通信骨干网络无缝对接。

进一步统筹提升算力基础设施，构建多元协同、数智融合的算力资源供给体系。抢抓"东数西算"国家战略机遇，结合对口支援和帮扶工作，高水平构建"厦门+甘肃""厦门+宁夏"数据中心梯次格局，配套建设厦门—甘肃、厦门—宁夏数据中心直连网络，提升跨区域算力调度能力，满足高频实时、跨网跨区的数据交互和业务交互需求。引导厦门企业在甘肃、宁夏算力枢纽节点布局承载数据离线分析、数据存储备份等非实时业务。鼓励厦门企业积极参与全国一体化大数据中心协同创新体系示范工程建设，强化算力资源保障。优化整合通信运营商及政府部门现有机房资源，结合全市数据存储计算及数字应用的实际需求，加强物理服务器、网络设施、存储及安全设备等基础设施部署，为数据资源整合共享、政务系统迁移和大数据应用等提供硬件支撑。有序推动数据中心开展节能与绿色化改造。引导边缘数据中心与变电站、基站、通信机房等设施协同部署，打造高效能的云边端一体化计算布局。优化升级鲲鹏超算中心，争取建设高通量超算示范中心，探索建设厦门高性能公共算力中心和公共服务算法中心，推动算力、算法、数据、应用资源集约化和服务化创新，提供国内一流的高性能计算、人工智能计算服务。鼓励第三方机构建立行业特色大数据中心，推进教育、医疗、环保等领域数据集成，催生个性化智能应用。

进一步推动工业互联网基础设施建设，夯实工业互联网网络基础。全面推进在重点园区、产业集聚区及周边区域建设低时延、高可靠、广覆盖的基础网络，加快升级改造企业内外网，打造一批企业内网改造标杆网络。支持工业企业、工业互联网平台、标识解析节点、安全设施等接入高质量外网，提高企业互联互通和网络适配能力。支持企业接入标识解析体系，加速标识解析服务在各行业规模应用，推动主动标识载体规模化部署，推动工业互联网与"星火·链网"超级节点（厦门）区块链等可信物联网融合创新，打造基于标识解析的区块链基础设施，提供基于区块链的标识资源分配、管理、互操作等工业互联网网络服务。

进一步统筹推动城市基础设施智能升级，打造"数字厦门"的智能感知底座。全面部署智能传感器、摄像头等城市智能感知设备，推动市政公用基础设施联网化、智能化改造。以车联网先导区建设为引领，积极构建全国领先的城市级车联网网络，完善车联网基础设施建设，提升"人、车、路、云"协同能力。依托统一的时空信息云平台、视频资源共享平台、物联感知平台、数据资源平台、人工智能基础平台等资源，通过对物理空间要素的数字化表达，形成虚实映射和实时交互的"数字厦门运行图"。基于"数字厦门运行图"叠加建筑信息模型（BIM）数据，围绕"小场景"构建城市数字孪生模型，选择重点区域建立高精度、高质量的城市信息模型（CIM），推动城市形态向数字孪生演进。全面梳理城市发展各领域的重点指标，合理设计城市运行关键体征。动态监测城市发展各领域重点指标的运行态势，建立从数据到知识、从知识到智慧的城市智能中枢，为城市运行"一屏通览"提供科学精准的数据分析依据。

二 增强数字科技创新能力

务实前瞻布局数字创新链。围绕"高素质创新名城"建设，以数字经济发展的重大需求和重大任务为牵引，结合国家重点研发计划、国家自然科学基金重大项目、国家工业"四基"发展目录、厦门市重大科技计划等重大创新布局，聚焦集成电路、新型显示、人工智能、智能控制、高端软件、工业互联网、区块链等前沿产业，形成基础研究和应用研究长期持续投入机制，完善科技项目立项和组织方式，建立战略产品牵引、重大任务带动的科研组织新模式，形成更多自主原创和新成果。积极探索对虚拟现实/增强现实（VR/AR）、数字孪生等元宇宙基础技术的前瞻布局和相关生态孵化，加速数字孪生城市、全息智能制造、沉浸式交互文娱等元宇宙场景的实现。搭建重点领域检测验证平台，鼓励车联网、区块链、元宇宙等新技术在城市环境下测试验证，将厦门打造成为数字技术应用的最佳"试验场"。

加快建设高能级数字创新载体。高标准推进中俄数字经济研究中心等数字重大科创平台建设运营，争创国家实验室、国家重点实验室、省实验室、省级重点实验室。支持厦门大学、华侨大学、集美大学、厦门理工学院等在厦高校及科研院所高水平建设数字技术领域重点实验室、工程研究中心、新型研发机构等创新载体。鼓励有条件的高校院所和企业成立数字技术研究院和院士工作站，打造数字技术高端协作研究平台。深化与大院大所、中央企业合作，共建一批国内领先的数字技术专业研究院所。加强海峡西岸城市群数字技术创新协同，合作共建数字经济重大创新平台与联合实验室。

培育多样化数字产业创新平台。强化企业创新主体地位，引导在厦企业争创国家级、省级数字产业创新中心、制造业创新中心、技术创新中心。实施创新型数字企业培育计划，支持企业牵头组建数字产业创新联合体。支持厦门人工智能超算中心、厦门数字工业计算中心、厦门半导体工业技术研究院等建设开放创新平台，加快引进契合度高、影响力大的科研机构、大型企业研发中心。依托厦门两岸集成电路产业园、厦门火炬物联网孵化器、厦门火炬元宇宙孵化器等孵化平台，推进科技双创平台建设联动，构建数字科技创新创业生态圈。

加强数字技术标准建设。探索构建地方性数字标准体系，建立数字设备互联、数据接口、网络安全等数字技术标准，推动数据采集和开放共享、政务服务、物联网、智能制造等数字业务标准建设。强化标准规范在数字经济发展各环节的应用，充分发挥标准的引领和促进作用。实施数字产业标准引领战略，聚焦以云计算、大数据、人工智能、区块链、物联网、元宇宙等为重点的数字经济领域技术前沿，支持在厦企业和科研机构构建并不断完善数字技术产业标准体系，加强对数字技术重点领域国家和行业标准研制。强化标准化资源共享，支持企业积极参与国内外重要标准化活动，提高厦门数字产业的竞争力和影响力。

三 建设数据资源体系

构建高质量数据要素供给格局。支持市场主体依法合规开展数据采集，聚焦数据标注、清洗、脱敏、脱密、聚合、分析等环节，提升数据资源处理能力，培育壮大数据服务产业。健全公共数据资源体系，深化政务数据跨层级、跨部门有序共享，统筹公共数据资源开发利用，推动基础公共数据安全有序开放，构建统一的全市公共数据开放平台和开发利用端口，提升公共数据开放水平，释放数据红利。推动数据分类分级管理，强化数据安全风险评估、监测预警和应急处置。鼓励市场主体共享、开放与民生密切相关的数据资源，推动产业数据跨行业相互融合，开展公共数据与产业数据融合试点。

探索建立数据要素市场化配置机制。积极参与国家数据要素市场化配置改革试点示范，加强数据产权的界定和保护，着重推动数据确权相关的地方行政立法、行业标准和市场准则构建，探索建立有效的数据价值、数据成本的计量方法与公平合理的利益分配机制。探索建设数据交易服务平台，使用区块链技术对数据全生命周期进行追踪监管和责任溯源，推动数据要素依法合规流通。开展多领域规范化数据开发利用试点，努力引领数据市场统一开放、规则标准互认、要素自由流动的发展潮流。

四 推动数字化转型

深入推动制造业数字化转型。一是分层分类推进制造业智能化改造提升试点。聚焦要素资源重组、生产流程再造、企业组织重构等，实施一批数字化车间/透明工厂试点示范项目，着力培育世界级"灯塔工厂"。探索具有厦门特色的智能工厂建设路径，面向平板显示、计算机与通信设备、半导体和集成电路、高端装备等重点产业，围绕智能工厂整体设计、数字孪生体系建设、共享制造新模式、智能工厂规划、智能化成套装备技术攻关、"5G + 工业互联网"试点、工业App 应用等方向，开展集成解决方案与规范标准细则制定，推动行业应用推广。二是培育智能制造系统解决方案供应商。鼓励厦门数字化转型标杆企业发挥智能制造技术优势，向智能产品设计、工业控制集成、制造运营管理等系统集成服务提供商转型。支持数字服务企业与软件开发商、硬件制造商、电子元器件制造商、设备集成商等协同开发智能制造领域的软硬件集成方案，通过组建创新联合体等方式，共同开辟国际国内市场，推动厦门智能制造和服务能力整合输出。三是打造制造业中小企业数字化转型生态。依托工业互联网体系，持续扩大数字化转型服务覆盖范围，支持中小企业选用架构于基础平台上的专业性平台。鼓励标杆企业与平台企业联合打造数字化转型典型模式，强化优秀示范推广。鼓励龙头企业构建数字化协同转型生态圈，提高行业数字化解决方案适用性，带动上下游企业"上云用数赋智",打通品牌、物料供应、生产加工、营销等产业链多个环节,打造"研发+生产+供应链"的数字化产业链,实现产业链上下游的供需数据对接和协同生产。探索建设厦门数字化转型促进中心,加强中小企业数字化转型公共培训。

提升生产性服务业数字化转型质效。推动数字技术与商贸物流、金融服务、软件信息和科技服务、文旅创意等融合发展。一是抢抓《区域全面经济伙伴关系协定》(RCEP)和自贸区发展机遇,引领数字贸易发展。探索新型离岸贸易的数字化、便利化监管方式,推动"区块链+多式联运"与无纸化单证信息交互,促进新型离岸贸易规模稳步扩大。进一步优化跨境电商发展环境,推动中国(厦门)跨境电子商务综合试验区建设迈向更高台阶。以跨境电商公共服务平台、RCEP公共服务平台等为基础,打造数字贸易公共服务平台升级版,推动贸易企业数字化转型,引进培育交易额过亿元的电商平台,构建数字贸易生态圈。依托全面深化服务贸易创新发展试点,积极推进保险服务、金融服务、知识产权服务、信息通信技术(ICT)服务、文化服务和其他商业服务等可数字交付的服务贸易发展。抢抓共建"一带一路"等重大发展机遇,进一步推动厦门智慧港口建设,高标准打造智能仓库、智能车辆、智能码头和智能堆场。建立健全以海港为龙头、空港为特色、陆港为支撑、数据港为纽带的"四港"联动机制。探索建设厦门航运大数据中心，加快数字港航服务发展，努力打造港口数字经济新高地。二是积极发展新型数字金融服务业态。依托两岸区域性金融服务中心建设和数字人民币试点建设，积极发展供应链金融、航运金融、区块链金融、大数据征信与风险控制等新型金融服务业态。探索创建"数字人民币示范商圈（街区）"，推动人脸识别、声纹识别等技术在支付领域安全应用。深化厦门市"信易贷"平台、金融风险防控预警平台等建设，探索打造厦门数智金融大脑多跨应用场景，实现"金融服务、风险防控、决策治理、区域金改"功能一体化和服务便利性。三是以建设应用"产业大脑"为牵引，加快构建涵盖基础软件、应用软件、工业 App 等信息产品和信息系统集成、云服务、大数据、集成电路设计等方面的软件信息和科技服务产业生态体系。以平板显示产业大脑、计算机与通信设备产业大脑、半导体和集成电路等重点"产业大脑"建设应用为突破口，探索重点制造业领域产业大脑建设路径，形成一批优秀赋能解决方案。加强与厦门城市大脑和公共数据平台联动，实现经济系统与公共资源数据互联互通。推广企业综合评价、产业地图、产业链数据中心等产业大脑应用试点，提升跨层级、跨行业系统赋能服务能力。四是积极推动文旅创意产业数字化转型。实施文旅创意产业数字化战略，加快发展新型数字文旅创意企业、文旅创意业态、文旅创意商业模式，形成以"数字文旅+数字创意"为核心的产业布局。加快数字资源融合，开发推广数字文博系统、推动文化遗产数字化保护利用。推动线上数字技术+线下实体展示相融合，开发数字主题公园、虚拟展示等新模式，不断创新优质文旅会展服务供给新路径。

积极探索生活性服务业数字化转型路径。以培育创建国际消费中心城市为依托，以智慧商圈、智慧街区扩大数字消费规模，推动生物识别、混合现实/增强现实（MR/AR）、智能体验等技术在标志性商业地标、核心商圈、特色商业街区融合应用，提升体验式、沉浸式、互动式消费体验。优化升级厦门智慧体育服务平台，持续提升体育公共数据资源开放应用水平，进一步推进全市体育场馆数字化运营管理，发挥并释放与市场要素、关联产业的联动效应，以市场化方式提高体育资源优化配置，促进体育资源公平、公正、公开流转。丰富厦门在线赛事活动，增加直播流量，支持各类市场主体利用网上平台、移动客户端等新载体、新技术，打造体验式体育消费。

稳步推进农业生产经营数字化转型。开展乡村产业数字化应用示范，建设一批数字农业示范园区、数字农业工厂（数字渔场）。重点推进图像识别、区块链、北斗定位、遥感等技术在农业生产中的应用，建设智慧渔港，推进渔船精密智控示范建设，升级渔船宽带卫星通信等数字化终端，实现渔船"全生命周期"闭环监管。深入实施电子商务进农村综合示范工程和"互联网+"农产品出村进城工程，培育一批数字乡村新业态和新零售品牌。

五　壮大数字经济主体

健全高质量数字经济项目全球招引工作机制。针对数字经济重点领域细分赛道产业链关键环节，依托厦门投资贸易洽谈会、数字中国建设峰会等平台，积极争取有国际竞争力的数字经济企业到厦门投资兴业。推动营商环境、企业服务等标准与国际先进水平接轨，建立健全数字经济创新项目招引的容错机制，探索试点设立小额种子基金、早期概念研究基金等独立的非共识项目资助渠道，加大对自主创新技术产品、新业态新模式的宽容支持力度，营造开放、包容的数字经济双创氛围，吸引更多数字经济创新项目落地厦门。

培育数字科技创业企业。以数字科技创新创业、科研院校成果转化等为重点，加快培育数字科技创业企业，加大对国家级高新技术企业申报认定的财政支持力度。积极引导更多智慧城市、智能制造等应用场景开发与建设企业落地厦门。完善中小企业公共服务平台,建立更有针对性的数字科技创业企业"加速器",探索建设数字科技小微企业创业园和创业基地。依托"慧企云"等公共服务平台,全面梳理和明确数字科技中小微企业减负内容、减负方式,持续完善精准减负和惠企政策落实。重点扶持一批数字产业细分领域的瞪羚企业,培育形成一批具有国际影响力的专精特新"小巨人"和制造业单项冠军企业,助力形成具有全球竞争力的标志性数字产业链和产业集群。

促进数字经济大中小企业协同发展。强化数字经济"链主"企业的引领辐射效应,在企业研发创新、生态打造、标准制定、应用示范等方面,加强对平台型生态型企业的扶持,鼓励构建大企业生态圈。推动"链主"企业将信息技术部门、电子商务部门等培育成为创新型软件企业或数字化服务商,延伸打造网络化协同、个性化定制、服务型制造等新模式平台,对外开展行业赋能。以"链主"企业为核心,通过供应链整合等方式,建设数字产业生态圈,增强厦门数字经济韧性。

六 开放数字应用场景

积极开放促进产业发展的数字应用场景。推动产业园区运营单位开放智能技术在园区应用，引导园区内企业运用数字技术实现企业生产设备的互联互通。协调金融监管机构在支付清算、安全监管、风险控制、普惠金融服务等方面组织搭建应用场景，协调在厦金融机构为人工智能、大数据、区块链和生物识别技术等创新企业提供应用支持。推动商业广场、特色街区等搭建一批数字化消费场景，引入新零售新服务业态，打造新消费商圈。通过主动培育和开放丰富的产业应用场景，为数字新技术、新产品、新模式应用搭建验证、展示和推广平台，促进前沿技术在厦门迭代升级，推动创新产品示范应用和价值提升。

稳妥开放面向城市治理的数字应用场景。支持交通设施建设单位开放实验路段或示范工程，围绕智能道路、智能维护、智能感知等，建设车路协同、智慧停车、自动驾驶、智慧出行等应用场景。促进物联网、云计算、大数据、人工智能、超高清视频等技术在城市治理领域应用，提升城市精细化管理水平，拓展智慧停车、智慧公园、智慧公厕、智慧洗车等应用场景。

有序开放面向民生服务的数字应用场景。积极推进在住宅适老化改造、智慧健康养老服务等方面组织搭建数字应用场景。鼓励养老院等社会养老机构探索智能养老机器人、远程终端服务系统、各类康复辅助器具的应用路径，满足老年人个性化需求。

七　激发数字消费市场

培育壮大数字零售新业态。推动品牌连锁便利店加快实现数字化转型升级，优化线上线下服务。鼓励办公楼宇、社区商业网点、商业街区、旅游景区布局建设智慧超市、智慧商店、智慧餐厅、智慧书店。

积极促进数字文化和旅游消费。加强厦门文旅云、智慧旅游平台、数字图书馆、数字文化馆、数字博物馆建设，培育壮大云演艺、云展览、数字艺术、沉浸式体验等新型文化业态。支持数字文化企业参与传统文化和旅游业态改造提升。高水平建设升级一批集文创商店、特色书店、艺术展览、沉浸式体验型项目等多种业态的新型文化和旅游消费集聚地。

完善数字医疗服务消费环境。稳步推进互联网医院建设，优化互联网诊疗流程。探索整合医疗机构处方信息和药店零售信息，提供处方外延、预约购药、用药咨询等线上服务，创新医药服务模式，改善居民就医购药体验。加强医院信息化标准规范建设，推动智慧医疗、智慧服务、智慧管理三位一体的智慧医院建设。

八 提高数字产业集群竞争力

提升发展数字产品制造产业集群。充分发挥厦门集成电路、数字终端产品、数字元器件、电子信息材料等数字产品制造领域优势，大力提升数字经济硬件产业集群竞争力。以同翔高新城、火炬（翔安）产业区、火炬湖里园区、厦门软件园、厦门科技创新园、海沧信息产业园、海沧集成电路设计园（厦门中心）、厦门两岸集成电路自贸区产业基地等为依托，积极构建"集成电路材料—集成电路设计—集成电路制造—封装测试—行业应用"全产业链，打造具有国际竞争力的集成电路产业集群生态。巩固通信及计算机制造基础优势，以同翔高新城、火炬（翔安）产业区、火炬湖里园区为依托，以超高速、低功耗、高集成、高可靠为方向，推动先进通信设备研发，集成发展数据采集、数据存储、网络安全等专用设备，提升通信及计算机制造产业集群竞争力。在厦门显示产业现有竞争优势的基础上，以同翔高新城和火炬（翔安）产业区为主要依托，以新一代硅上液晶显示器件、量子点（QLED）等新型显示技术应用为重点，加快形成高性能、高集成、智能化的新型数字元器件产业集群。

优化发展工业软件产业集群。充分发挥厦门软件产业基础与场景优势，支持发展安全仪表系统（SIS）、分散式控制系统（DCS）、组态监控系统（SCADA）、各类可编程逻辑控制器（PLC）控制系统等智能实时控制系统，强化发展实现生产任务调度和执行功能的生产执行系统（MES），积极发展管理一体化企业资源计划软件（ERP）、生命周期管理（PLM）等经营决策支持系统。引导应用型软件企业在装备智能化、研发设计数字化等领域深化创新，向平台软件、基础软件领域延伸。

培育发展特色应用软件产业集群。围绕经济社会数字化转型需求，鼓励移动终端应用软件的开发和服务，加强软件平台服务与信息服务的融合创新。依托数字内容服务，加快数字影视、数字出版、网络视听、游戏动漫、互动新媒体等应用软件系统开发。围绕服务器、交换机、高清传输设备、模块化数据中心一体机等国产化基础硬件产品开发，鼓励开发配套应用软件、信息安全软件、网络通信软件等。

鼓励发展新兴技术应用服务产业集群。鼓励厦门软件企业发展基础设施即服务（IaaS）、平台即服务（PaaS）、软件即服务（SaaS）等云计算服务，发展面向个人信息存储、在线开发工具、学习娱乐的云服务平台及安全可信云计算外包服务等。鼓励发展车联网、北斗导航等基于物联网的新型信息服务，发展"互联网+"新兴媒体、智慧医疗、智慧教育、智慧交通、智慧文旅等基于5G和移动互联网的个性化信息服务。

九 优化数字经济营商环境

着力提升"一网通办"能力。依托城市大脑"一网通办"项目，规划建设全市统一的一体化政务服务管理平台。对接各级各部门的审批系统，集成市、区两级审批业务，支撑统一收发件、分发、流转、管理、监督等功能，为审批业务提供平台支撑。深化业务流程再造与系统重构，全面落实政务服务事项"一窗综办、一网通办"。加快电子证照共享应用，推进电子签章、电子档案应用，逐步实现高频事项"全市通办"。

构建企业全生命周期服务机制。围绕数字经济发展的全生命周期，营造包容普惠的数字经济创新发展环境，引进培育优质市场主体，激发创新活力。完善厦门"慧企云"政企协同服务平台，顺畅政企沟通渠道，为企业提供政策咨询、投资融资、项目申报、管理培训、技术创新等综合服务，加快惠企政策落实到位，最大程度实现惠企政策兑现的有效性、针对性和及时性。持续优化金融服务平台功能，开展"普惠贷"产品业务，扩大其对中小微企业的覆盖。

全面深化数字经济"放管服"改革。在新业态监管、灵活就业、社会保障、知识产权等领域制定与数字经济发展相适应的综合性专项产业政策工具包。对数字经济新技术、新产品、新模式、新业态的应用和推广实施分类监管，探索建立容错纠错机制，制定容错免责清单、减责清单等。

十 增强数字治理能力

强化厦门城市大脑集成分析能力。进一步提升城市大脑数据资源整合能力，高标准打造一体化智能化公共数据平台。全面提升城市物联感知汇聚能力，完善城市运行实时感知手段，推动城市实时感知迈向精准化。强化城市大脑安全支撑，推动网络信息安全与城市大脑同步建设。以城市大脑的深化应用为突破口，不断拓展"免申即享""数字身份""数看厦门"等应用场景。加快推进政务服务线上线下融合，高水平打造全网通办、全程网办的线上政务服务。

不断提高城市数字治理水平。以数字赋能城市治理为重点，持续推进数字与治理融合创新，推动城市治理从线下转向线上线下融合，从单一部门监管向更加注重部门协同治理转变。围绕市域治理具体场景搭建业务数字化平台和构建城市运行体征，聚焦解决具体城市治理场景的疑难杂症，推动城市治理模式向

"主动预警预防式"转变。推动城市大脑管理端逐级下沉，打通数字治理"最后一公里"。

十一 强化数字经济安全

加强数字基础设施安全防护。严格遵循《关键信息基础设施安全保护条例》《信息安全技术关键信息基础设施安全保护要求》等规定，推动数字基础设施运营者开展识别认定、安全防护、监测评估、监测预警、事件处置等环节工作，落实等级保护制度和密码应用安全性评估要求，加强数字基础设施运营商的组织和人员管理，加强网络安全监测预警及信息通报制度建设，加强数字基础设施网络安全应急处置能力。

加强工业控制系统信息安全保障。推广安全的工业控制系统信息安全产品及技术，提升研发设计、生产装备、流程管理、物流配送、能源管理等过程的自主创新能力和企业信息安全保障水平。强化工业信息安全服务能力，加强重点行业及城市运行生命线的工控系统信息安全防护。

高标准建设城市大脑网络安全运营管理中心。积极与国家计算机网络与信息安全管理中心福建分中心等机构开展深入合作，组建厦门城市大脑网络安全运营管理中心，建设网络安全综合运管平台、构建网络安全运管体系，为全市各级公共数据平台及各智慧应用场景管理部门提供统一、标准的网络安全基础架构，切实发挥网络安全运管中心的"总指挥""总中枢""总调度"功能。

十二　深化数字经济开放合作

构建数字经济开放合作发展新格局。充分发挥金砖国家新工业革命伙伴关系创新基地的平台作用，围绕数字经济发展和数字治理等领域进行深入交流，争取金砖国家数字经济对话会永久会址落户厦门。与金砖国家有关企业合作在厦门建设金砖国家数字经济示范园区，吸引更多高质量数字经济项目落户园区，打造金砖国家数字经济领域标志性合作项目。聚焦全国数字经济创新发展示范市建设目标，在海峡西岸城市群合作发展中，积极发挥引领带动作用。探索跨区域数据流动，推动政务服务"一网通办"和应用场景一体化创新，探索打造跨物理边界虚拟产业集群。加强与国内数字经济重点区域和先进城市的协同联动及优势互补，全力推动各类数据资源和创新资源向厦门汇聚，加快数据计算等核心技术支撑能力、数字产业化转型等数字技术工程服务能力输出。鼓励和支持企业积极参与"数字丝绸之路"建设，开展数字经济领域规则和标准研究，探索开放合作新机制，打造"数字丝绸之路"核心战略枢纽城市。

积极探索跨地域的平台合作模式。加强与京津冀、长三角和粤港澳大湾区等国内数字经济领先发展地区合作交流，异地搭建"飞地"型创新中心、科技孵化器。准确把握"飞地"特色定位，加强与厦门数字经济产业的深度结合，推动项目孵化成功后在厦门进行产业化，逐步形成双向赋能的科技创新产业化承接模式。积极探索多元化的飞地建设投入方式，优化合作共建、利益共享，完善飞地管理机制与服务机制。深化数字经济领域山海协作，以新型飞地等为桥梁，发挥厦门"工业互联网+智能制造"的经验优势，推动资源要素跨区域流通，消除数字鸿沟、推动共同富裕。

第八章　加快厦门数字经济发展的政策措施与组织保障

根据强化数据要素驱动、底层技术推动、创新平台拉动、产业融合联动的思路进一步优化完善厦门数字经济发展政策措施，以强化组织领导、健全支持政策、强化要素支撑、壮大人才队伍、加强制度建设、完善统计监测、营造良好氛围为重点，做好厦门打造数字经济创新发展示范城市的组织保障。

一　推动数字经济发展的政策措施

按照"低垂之果"的类比分析，中国数字经济在数字化产业方面取得了极大的成就，但是随着数字经济发展和数字化转型进入"深水区"，需要强化数据要素驱动、底层技术推动、创新平台拉动、产业融合联动。

（一）数据要素驱动

既然数据已经成为关键生产要素，那么数据资源必须加速汇集，并将底层算力打造成核心竞争力。一是推进数据要素加速汇聚。破除"大数据无用论"现象，在加速数据收集和积累的同时，广泛开展数据价值的挖掘活动，培育基于大数据分析的新兴商业模式和业态。二是提升数据计算和处理能力。信息存储、传输和处理能力成为决定智慧经济成熟度和应用效果的关键因素，数据计算和处理能力成为企业的核心竞争力。应通过建立高效能运算中心，加快高效能运算前沿技术突破，促进既有数据运算能力转化为商业应用和公共服务。三是优化数据中心布局。当前各个互联网巨头纷纷利用新基建的机会，发力布局数据中心。要优化数据中心布局，同时还要引导算力的升级。数据中心建设不是简单的规模化复制，一定要与新科技新应用相结合，才能形成算力并挖掘数据价值，真正打造出超级数据中心。

（二）底层技术推动

一是强化技术攻关。智能应用和智慧经济需要关键装备、共性技术的支撑，例如智能汽车、智能手机等，芯片、传感器等核心零部件必不可少，数据格式、算法和硬件体系结构也亟待突破。云计算、云储存、新材料等是智慧经济的基础技术，针对控制软件、智能感知等前沿技术领域的薄弱环节，应加强技术创新以及技术引进与合作，聚焦一批关系中国智能产业发展的核心基础部件，以及一批与产业安全密切相关的关键共性技术，以市场化机制为主导，推动实现原始创新、颠覆性创新、集成创新等重大突破。二是推动技术协同。智慧经济范式及应用场景的演进或重塑并非单一技术所能实现，而需要第五代移动通信技术以及其他多项新科技合力完成。在新基建技术集簇中，第五代移动通信技术的关键作用在于能够确保各种技术所驱动的应用能够有机高效地整合在一起，并使它们发挥出更加完整且智能化的作用。此外，在众多的新一代信息技术中，人工智能技术是重中之重。德国政府更是将人工智能技术看作蒸汽机以来人类最重要的基础性创新。应积极推进以第五代移动通信技术、物联网、工业互联网为代表的通信网络基础设施，以人工智能、云计算、区块链等为代表的新技术基础设施，以数据中心、智能计算中心为代表的算力基础设施建设，形成新科技相互促进、协同发展的局面。

（三）创新平台拉动

一是建设产业创新中心。引导企业、高校、科研院所、用户组建多种形式的智能产业联盟，推动创新资源向企业集聚。建设智能产业创新中心，开展共性关键及应用技术研发、系统解决方案咨询服务。支持组建智能机器人、增材制造等关键行业领域的产业创新中心。同时，产业创新中心建设必须要考虑不同技术水平、不同经营模式和不同市场环境下的企业需求，因"企"制宜，激发不同企业的内生动力。二是建设多元数字应用场景。新兴技术需要在应用中迭代和成熟，因此应用场景的打造对数字科技的发展非常关键。建设数字孪生城市，推动以第五代移动通信技术为基础的各种智能场景落地。探索构建无人驾驶和自动驾驶的交通网络，实现智慧交通。利用智能医疗的可复制与可推广特征，实现均等化智能医疗服务。运用先进的视觉分析、人脸识别、生物特征分析等技术，实现智能安全等。三是推动建设工业互联网。利用互联网企业将数字化能力向供给侧迁移的时机，通过"数据+算力+算法"的机制助力企业在品牌、制造、组织、销售、渠道、供应链等各个环节的数字化转型，实现全产业链数字化。把工业互联网平台打造成工业关键基础设施，支持骨干制造业企业、大型互联网企业、知名科研机构联合建设，不断提升平台开发、设备管理、数据采集、边缘计算、人工智能等基础能力，真正打造可以服务于不同行业的新型工业互联网基础设施。

（四）产业融合联动

一是促进新科技与产业融合联动。第五代移动通信技术与人工智能、边缘计算、视觉技术、传感技术等通用目的技术相互结合、相互优化，并与行业场景不断融合，在交通、能源、制造、教育、医疗、消费、休闲娱乐等领域带来新的业态，促进跨界融合，催生和推动行业数字化发展，重塑甚至颠覆传统商业模式，创造出巨大的经济价值。二是要避免"两张皮"，实现优势互补。新科技在自身领域的应用潜力是有限的，但与生产制造、企业经营相结合就能产生巨大社会和经济效益，归根到底要体现在智能转型和生产力提升中，帮助实体经济获得更高的生产效率，不能本末倒置。因此，要强化数字技术、信息技术、智能技术向各行业各领域覆盖融合，加快培育"产业+互联网+服务"的新模式新业态，大力培育平台经济、网络经济、定制经济等数字经济新业态。三是促进智能服务新模式的发展。智能服务是"无形经济"的重要形式，智能化技术帮助制造企业从提供产品向提供"产品+服务"转变，结合以租代售、按时计费、远程诊断、故障预测、远程维修、一体化解决方案等新的商业模式，促进新一代人工智能等新技术进一步突破制造业上下游的边界和细分行业之间的壁垒，增强生产的社会化、专业化分工和共同协作能力，构建制造业服务化的产业形态。

二 组织保障

（一）强化组织领导

强化"数字厦门"建设领导小组对全市数字经济的统筹抓总作用，协调解决工作推进过程中的重大问题。建立健全各部门联动协调机制，针对具体跨部门数字经济平台构建、数据标准制定、目录清单梳理等建设任务，组建跨部门业务协同小组一体化推进。各区各部门作为相关区域和专项领域推动数字经济建设的责任主体，结合各自实际，细化工作措施，把各项任务落到实处。

（二）健全支持政策

贯彻党中央国务院、福建省大力发展数字经济的方针政策，统筹优化各类专项资金，加大对本地数字经济企业的支持力度。积极争取数字经济领域国家级试点示范和重大项目部署。鼓励各区优化数字经济扶持政策体系，分层次、分行业开展试点示范，提振发展数字经济的信心和动力。鼓励各区各部门大胆创新，探索建立符合新形势发展需要的政策机制，健全管理体系，制定配套政策。

（三）强化要素支撑

强化数字经济重大平台、重大项目建设中的能耗、土地、频谱、市场等保障，深入实施数字经济项目建设"一件事"集成服务改革。强化金融支撑，积极组建集成电路等产业投资基金，带动社会资本投向数字经济优质企业和项目；引导银行等金融机构向数字经济企业提供创新产品和服务。在保证数据安全的前提下，积极探索政府和社会资本合作，引导各类社会资本参与"数字厦门"建设和运营，鼓励天使基金、创投基金、产业基金等各类投资机构参与建设。主动对接国家级、省级产业投资基金，吸引更多社会资本投资厦门数字经济领域重大项目建设。支持在厦软件信息服务企业、工程服务公司积极参与智慧城市、企业数字化转型等项目的建设和运营。推动"数字厦门"建设由财政资金投入向财政资金牵引、政府按需采购服务转变，构建多元化资金保障和分级投入机制。

（四）壮大人才队伍

依托厦门市"双百计划""海纳百川"人才计划等，建立与国际接轨的全球人才招聘机制，实施全球精准招引，加快引进数字经济高端人才团队与青年专家。深入实施"数字创客""数字工匠"等专项人才育留引用行动计划，引进创新创业型、技能应用型人才。筹划布局建设数字经济海外人才离岸创新创业基地、协同创新中心、海外人才工作站等海外"人才飞地"。鼓励在厦高等院校加强基础学科和人工智能等新兴学科建设，培育高层次创新型领军人才和中青年学术带头人。鼓励在厦职业技术院校设立与数字经济发展需求相适应的特色学院、特色专业，培育一批数字化转型工程技术和应用技能型人才。

（五）加强制度建设

深入贯彻落实《厦门经济特区数据条例》，围绕数据资源、数字产业化、产业数字化、数字化治理、数字基础设施等方面对促进数字经济高质量发展做出更全面的制度设计。探索研究数据确权、流通、交易、定价、保护等规则体系和地方立法。开展法律释义编撰，通过多种形式开展数字经济相关法律法规普法。充分利用新技术丰富监管方式，切实落实法律法规的执行情况。开展数字经济法治建设成果成效评估，通过"以奖代管"的方式推动数字经济法治建设。

（六）完善统计监测

根据数字经济国家分类标准和福建省数字经济统计指标体系（制度），加快建立厦门数字经济统计指标、监测方法和评估评价机制，建设厦门数字经济监测平台，开展数字经济统计监测、分析、评价、考核工作，准确掌握数字经济发展动态。探索构建数字经济创新发展示范市的指标体系。进一步扩大统计监测对象范围，探索加强对规模以下数字经济企业的统计分析。定期发布厦门数字经济发展指数，打造数字经济发展的形象窗口，争取成为国家数字经济统计监测试点。

（七）营造良好氛围

围绕数字经济开展政策宣讲、干部能力培训，培养领导干部数字领导力，推动领导干部牢固树立数字化发展理念、提高数字素养。依托国家和省市级主要媒体开展数字厦门、数据条例、数字经济核心产业、数字贸易等领域试点改革宣传，总结梳理厦门推动数字经济发展的典型经验做法，加强对数字经济优秀经验与典型案例的传播，营造全社会参与支持数字经济发展的良好氛围。

参考文献

包振山、常玉苗、万良杰：《数字经济时代零售商业模式创新：动因、方法与路径》，《中国流通经济》2022年第7期。

陈珂、丁烈云：《我国智能建造关键领域技术发展的战略思考》，《中国工程科学》2021年第4期。

陈梦根、张乔：《数字金融对企业融资行为的影响效应及作用机制》，《改革》2023年第9期。

戴翔、杨双至：《数字赋能、数字投入来源与制造业绿色化转型》，《中国工业经济》2022年第9期。

丁志帆：《数字经济驱动经济高质量发展的机制研究：一个理论分析框架》，《现代经济探讨》2020年第1期。

冯慧、于巧婵、李亚斌等：《智能港口发展展望》，《中国水运》2022年第9期。

高振娟、赵景峰、张静等：《数字经济赋能消费升级的机制与路径选择》，《西南金融》2021 年第 10 期。

龚中航：《数字经济推动城市治理现代化研究》，《理论探讨》2022 年第 6 期。

胡坚波：《关于城市大脑未来形态的思考》，《学术前沿》2021 年第 9 期。

黄益平、黄卓：《中国的数字金融发展：现在与未来》，《经济学（季刊）》2018 年第 4 期。

黄再胜：《平台权力、劳动隐化与数据分配正义——数据价值化的政治经济学分析》，《当代经济研究》2022 年第 2 期。

黄赜琳、秦淑悦、张雨朦：《数字经济如何驱动制造业升级》，《经济管理》2022 年第 4 期。

江小涓、靳景：《中国数字经济发展的回顾与展望》，《中共中央党校（国家行政学院）学报》2022 年第 1 期。

焦勇、刘忠诚：《数字经济赋能智能制造新模式——从规模化生产、个性化定制到适度规模定制的革新》，《贵州社会科学》2020 年第 11 期。

蓝庆新、窦凯：《共享时代数字经济发展趋势与对策》，《社会科学文摘》2018 年第 2 期。

李天宇、王晓娟：《数字经济赋能中国"双循环"战略：内在逻辑与实现路径》，《经济学家》2021 年第 5 期。

李晓华：《"新经济"与产业的颠覆性变革》，《财经问题研究》2018年第3期。

李忠民、周维颖、田仲他：《数字贸易：发展态势、影响及对策》，《国际经济评论》2014年第6期。

刘博雅、王伟、徐大鹏：《北京数字经济赋能城市治理的机制与路径研究》，《城市管理与科技》2021年第6期。

刘英超：《数字文旅产业理想模型探讨及发展策略》，《经济论坛》2023年第6期。

刘航、伏霖、李涛等：《基于中国实践的互联网与数字经济研究——首届互联网与数字经济论坛综述》，《经济研究》2019年第3期。

刘英基、邹秉坤、韩元军等：《数字经济赋能文旅融合高质量发展——机理、渠道与经验证据》，《旅游学刊》2023年第5期。

刘新智、孔芳霞：《长江经济带数字经济发展对城市绿色转型的影响研究——基于"三生"空间的视角》，《当代经济管理》2021年第9期。

刘杨、王晓明：《中国智能港口的建设框架设想》，《水运工程》2014年第5期。

刘占省、刘诗楠、赵玉红等：《智能建造技术发展现状与未来趋势》，《建筑技术》2019年第7期。

吕铁：《传统产业数字化转型的趋向与路径》，《人民论坛·学术前沿》2019年第18期。

吕文晶、陈劲、刘进：《工业互联网的智能制造模式与企业平台建设——基于海尔集团的案例研究》，《中国软科学》2019年第7期。

马述忠、房超、梁银锋：《数字贸易及其时代价值与研究展望》，《国际贸易问题》2018年第10期。

渠慎宁：《NFT产业：理论解构、市场逻辑与趋势展望》，《改革》2023年第4期。

渠慎宁：《区块链助推实体经济高质量发展：模式、载体与路径》，《改革》2020年第1期。

孙早、侯玉琳：《工业智能化如何重塑劳动力就业结构》，《中国工业经济》2019年第5期。

佟家栋、张千：《数字经济内涵及其对未来经济发展的超常贡献》，《南开学报》（哲学社会科学版）2022年第3期。

汪勇、尹振涛、邢剑炜：《数字化工具对内循环堵点的疏通效应——基于消费券纾困商户的实证研究》，《经济学（季刊）》2022年第1期。

王芳、吴志刚：《数据治理助力政府治理体系和治理能力现代化》，《网络安全和信息化》2020年第4期。

王婉娟：《宁波数字海洋建设的路径研究》，《宁波经济（三江论坛）》2022年第8期。

王燕、王虹、刘邦凡：《基于国外经验看我国数字海洋建设》,《经济研究导刊》2018 年第 33 期。

王益民:《全面开创数字政府建设新局面》,《中国党政干部论坛》2022 年第 9 期。

夏启兵、王玉林、陈蓉:《智能航运发展研究》,《航海》2018 年第 2 期。

谢富胜、吴越、王生升:《平台经济全球化的政治经济学分析》,《中国社会科学》2019 年第 12 期。

谢小芹、任世辉:《数字经济时代敏捷治理驱动的超大城市治理——来自成都市智慧城市建设的经验证据》,《城市问题》2022 年第 2 期。

徐向龙、侯经川:《促进、加速与溢出：数字经济发展对区域创新绩效的影响》,《科技进步与对策》2022 年第 1 期。

姚战琪:《数字贸易、产业结构升级与出口技术复杂度——基于结构方程模型的多重中介效应》,《改革》2021 年第 1 期。

余文涛、吴士炜:《互联网平台经济与正在缓解的市场扭曲》,《财贸经济》2020 年第 5 期。

余运江、杨力、任会明等:《中国城市数字经济空间格局演化与驱动因素》,《地理科学》2023 年第 4 期。

张凌洁、马立平:《数字经济、产业结构升级与全要素生产率》,《统计与决策》2022 年第 3 期。

张微微、王曼青、王媛等:《区域数字经济发展如何影响全要素生产率?——基于创新效率的中介检验分析》,《中国软科学》2023年第1期。

张勋、万广华、张佳佳等:《数字经济、普惠金融与包容性增长》,《经济研究》2019年第8期。

赵新泉、张相伟、林志刚:《"双循环"新发展格局下我国数字贸易发展机遇、挑战及应对措施》,《经济体制改革》2021年第4期。

周济:《智能制造——"中国制造2025"的主攻方向》,《中国机械工程》2015年第17期。

朱文晶:《数字经济时代的公共卫生事件与城市治理》,《城市管理与科技》2021年第3期。

王彩娜:《2023数字金融论坛:共话数字金融新未来》,《中国经济时报》2023年7月7日第2版。

《厦门发布加快城市大脑建设促进政府数字化改革行动方案(2022—2025年)》。

厦门市发展研究中心:《厦门改革开放40年的成就与经验启示》,2018年4月。

厦门市发展研究中心:《厦门市建设高素质高颜值现代化国际化城市发展战略专题调研子课题成果汇编》,2020年6月。

厦门市人民政府办公厅:《厦门市人民政府办公厅关于印发2022年数字厦门工作要点的通知》。

《厦门市"十四五"数字厦门专项规划》,2021年

12月。

中国信通院：《数字碳中和白皮书》，2021年12月，http://www.caict.ac.cn/kxyj/qwfb/bps/202112/P020211220632111694171.pdf。

中国信息通信研究院：《全球产业创新生态发展报告——变局中的竞争、合作与开放》，2021年12月。

中国信息通信研究院：《中国数字经济发展白皮书》，2021年4月。

Tooran Alizadeh, Tony H. Grubesic, Edward Helderop. "Urban governance and big corporations in the digital economy: An investigation of socio-spatial implications of Google Fiber in Kansas City", *Telematics and Informatics*, Vol. 34, No. 7.